어딘가에는
원조
충무김밥이
있다.

어딘가에는 원조 충무김밥이 있다.

@

글 · 정용재

남해의봄날 ✹

남망산에서 내려다본 1950년~1960년대 통영항(옛 충무항) 전경, 류완영 촬영, 류태수 제공

오늘날 통영 하면 제일 먼저 떠오르고
사랑받는 음식 충무김밥.
충무김밥의 역사는 통영항 강구안에서
시작되었다고 해도 과언이 아니다.

1950년대부터 현재까지,

충무김밥의 근원지 통영항을 배경으로

충무김밥의 원조를 찾는

여정을 시작하려 한다.

남망산에서 내려다본 2022년 통영항

차례

언제부터 강구안에는 충무김밥집이 이렇게 많았을까

◎

내가 사는 아파트는 1974년 8월 9일 준공된, 무려 통영에서 가장 오래된 아파트다. 통영시가 충무시로 불리던 시절에 지었다. 1층에는 중앙시장의 각종 상점이 있고, 지하에는 통영 연극예술 역사의 산증인 '극단 벅수골'이 자리 잡고 있다.

한때는 우리집 창밖으로 눈을 돌리면 항구 바닷물이 보였고 심지어 충무김밥집 간판들도 보였는데, 건물이 더 들어서고 층이 높아지면서 이제는 시야가 답답하다.

집에서 조금만 걸어 나가면 그야말로 '좌 동피랑 우 강구안' 같은 느낌인데, 동피랑 언덕 쪽으로 걸어가든, 강구안 바닷가 쪽으로 걸어가든 특히 눈에 많이 와닿는 건 통영꿀빵집 간판과 충무김밥집 간판이다. 강구안 맞은편의 중앙시장과 벽화마을로 유명한 동피랑이 서로 이어져 있어 많은 사람이 통영 관광 필수 코스로 이 동네를 찾는데, 통영 관광 성수기에 충무김밥집을 살펴보면 어떤 가게 앞에는 사람들이 뙤약

17

볕을 견디며 줄을 서 있고 어떤 곳은 그냥저냥 그렇다.

통영 시민인 내 감상으로는 충무김밥을 몇몇 가게에 굳이 줄까지 서서 기다리며 사 먹을 일인가 싶지만, 관광객들의 선택은 현지인보다 더 보수적일 수밖에 없다는 것도 이해한다. 멀리에서 여기까지 왔는데, 통영에 자주 오는 것도 아니니 일단 유명한 곳부터 간다는 것은 어쩌면 나름 합리적인 선택일지 모른다. 그래서일까. 꽤 많은 사람들이 이런 질문을 하곤 한다. "충무김밥 원조집은 어디예요?"

하도 많이 들은 질문이라 무심히 적당한 답변을 주워 전하곤 했으나 생각해 보니 새삼 신기하기도 하다. 언제부터 통영항 강구안에 충무김밥집이 이렇게나 많이 늘어서게 되었을까?

내 희미한 기억 말고 여러 사람의 기억과 기록으로 충무김밥의 세로축(시간축)을 이어 붙여 보고, 내 주관 말고 여러 사람의 생각을 통해 충무김밥의 가로축(오늘날)을 한번 그려 붙여 볼까 한다.

지난 시간과 공간의 접점에서 충무김밥의 원조, 그리고 표준 모델을 찾을 수 있을지도 모른다. 통영 사람으로서 당연하게 여겼던 걸 당연하지 않게 접근해 보기로 하자. 왜? 재미있을 거 같으니까.

아, 통영꿀빵은 '통영' 꿀빵인데, 충무김밥은 왜 '충무' 김밥일까. 이래저래 짚어 보니 떠오르는 질문이 한두 개가 아니다. 이 질문들에 대한 답을 찾아보려고 한다. 앗, 그런데 이 글을 쓰는 오늘 지금 이 시간 통영항 강구안에는 얼마나 많은 충무김밥집이 있고, 얼마나 많은 충무김밥이 팔렸을까?

충무김밥을 찾아서

통영 방문객을 가장 먼저 반기는 음식

◎

맑고 밝은 하늘이 펼쳐진 어느 주말 오후 통영종합버스터미널. 오랜만에 본 그 녀석은 어제 본 듯 여전해서 더 반갑기도 하다.

"차를 안 몰고 버스로 왔네? 뭐 피곤하지는 안 하고?"

"이제는 서울서도 버스 타고 통영 오는 게 더 편하네. 마 피곤할 정도는 아니고, 어제 하루 쉬다가 오늘은 여유 있게 왔지. 대전통영고속도로 뚫린 이후에는 많이 가까워져서 반나절이네."

"대전통영고속도로라니 언제 적 이야기고. 이제 그것도 기억이 아득한 이야기 아이가. 고속도로 뚫리고 첨 온 것도 아님서. 밥은 우짜고? 오다가 뭐 묵었나. 배는 안 고프고?"

"출출하긴 하네. 김밥이라도 먹을까나."

"음? 웬 김밥이고? 밥을 안 먹고. 근데 그냥 분식집 김밥 말하나, 아니믄 충무김밥 말이가."

"아니, 당연히 충무김밥이지. 그냥 김밥일 리가 있나. 마침 요 터미널 안 분식점에도 충무김밥 한다고 적어 놨네."

녀석은 버스 터미널 한 귀퉁이 작달막한 분식점 통유리 문에 붙은 메뉴를 가리킨다. 그러고 보면 외지에서 찾아오는 여행객과 오랜만에 고향을 찾는 귀향객을 가장 먼저 반기는 통영 음식은 역시나 충무김밥이려나 싶다.

하긴, 버스 터미널뿐만 아니라 여객선 터미널, 유람선 터미널에도 충무김밥집이 있다. 여객선 터미널 안에서 여행자를 기다리는 향토 음식이란 의외로 드물지도 모른다.

그렇다. 충무김밥은 통영-충무의 토착 향토 음식이면서도 여행자의 음식이라는, 묘한 정체성을 지녔다.

"그런데 고속도로 휴게소에도 충무김밥이 있긴 있더라고. 그거를 먹을까 말까 잠시 갈등하다가 말았다. 충무김밥의 그 충무에 가는데 굳이 충무김밥을 휴게소에서 먹겠냐고. 내가 기억하는 충무김밥하고는 살짝 달라 보이기도 하고 말이다."

"뭔 충무김밥 썰을 갑자기 이렇게나 풀어쌌노? 그래서, 저기서 충무김밥이라도 먹을끼가 아니면 시내 넘어갈끼가?"

"막상 오랜만에 고향에서 충무김밥 먹을라카니까 쫌 바로 땡기기도 한데 음… 역시 시내 넘어가서 강구안 쪽에 자리를 잡아 보는 게 어떻나?"

※ 이 상황은 픽션으로, 가상의 대화입니다.

통영항 강구안에서 충무김밥을 외치다

◎

전국 많은 도시의 중심부에는 흔히 '중앙동'이라는 지명이 붙는데, 한때 가장 번성했던 동네인 통영시 중앙동 또한 그러하다. 중앙전통시장 앞 항구 일대를 통영 사람들은 강구안이라고 부르는데, 특히 이 동네는 통영꿀빵집도 많고 다찌집도 많고, 크고 작은 횟집도 많다. 무엇보다 충무김밥집이 정말 많다. 당연한 말이지만 아마도 전국에서 단위 면적당 가장 많을 터다. 세어 본 적은 없어서, 이제부터 세어 보아야겠지만. 많음, 아무튼 많음.

　어쩌면 통영항 강구안은 통영 지역 문화와 공간 변화의 축소판이라 할 수 있다. 수십 년 전 1960~1970년대에는 남해 바다를 가로지르는 연안 여객선이 수시로 드나들었다. 수백 년 전으로 거슬러 올라가 17세기부터 19세기까지는 조선 삼도수군통제영의 수군 함선들이 드나들던 항구가 통영항이다.

조선 시대의 계획도시 하면 대부분 수원 화성을 떠올리겠지만, 사실 통영은 조선 최초의 군사 계획도시였다. 조선의 경상도, 전라도, 충청도 수군을 총괄하는 '삼도수군통제영'이 있던 곳이 바로 통영이기 때문이다. 오늘날 통영시라는 이름은 삼도수군통제영에서, 충무시라는 이름은 충무공 이순신 장군에서 유래했다.

삼도수군통제영은 임진왜란 시기인 선조 26년(1593)에 충무공 이순신 장군에 의해 한산도에 처음으로 세워졌으며, 전란 이후 선조 36년(1603)에 오늘날의 자리인 통영 한가운데로 삼도수군통제영이 옮겨 왔다. 조선 수군의 사실상 최고 사령부가 이곳에 있었음을 되새긴다면, "통영이 조선 최초의 군사 계획도시였다"라는 말이 이해되리라.

조선 수군 함선이 드나들던, 그리고 남해안 연안 여객선이 드나들던 통영항 강구안은 이제 여행객들의 동선이 가장 많이 몰리는 통영 관광 요충지가 되었다. 그렇지만 전국 어디에서도 흔히 볼 수 없었던, 어선 수십 척이 시내 한가운데 항구에 드나드는 통영 특유의 풍경은 곧 사라질 수도 있다.

'친수 공간 사업'으로 덱을 추가 설치하고 사실상의 매립으로 통영항 수면은 더 좁아졌다. 통영의 공간이 꼭 예전과 같아야 한다는 소리는 아니고, 그만큼 통영항 풍경이 많이 변했다는 이야기다.

여하튼 이 강구안은 통영항의 풍경이 세월 따라 달라지는 동안 줄곧 통영은 물론 충무김밥 역사의 중심 공간이었다. 특히 유명한 충무김밥집도 이 동네에 있으니까. 여객선과 어선이 무시로 드나들던 통영항이 친수 공간으로 변하는 동안, 충무김밥은 얼마나 변했으며, 그럼에도 변하지 않은 부분은 또 무엇일까.

어선이 정박한 강구안 풍경

우리는 충무김밥에 대해 얼마나 알고 있을까

◎

"오랜만에 고향에서 먹는 충무김밥인데, 원조 충무김밥집으로 가 보자. 원조집이 어디더라?"

"어디냐고 한들 나도 잘 모르겠는데. 통영꿀빵이야 니도 알고 내도 아는 그 집이 원조라지만, 정작 충무김밥 원조집은 생각해 본 적이 없네. 원조집 따지는 게 뭐 그리 큰 의미가 있나?"

"니야 계속 요서 살아서 별로 흥밋거리가 아니겠지만 오리지널 없는 스토리가 어디 있느냐 말이지. 하물며 고향 향토음식 스토리인데 관심 좀 새롭게 가져 봐라."

어쩌면 너무 익숙하고 당연하게 보아 온 충무김밥이라, 딱히 새롭게 생각해 볼 일이 없었는지도 모른다. 충무김밥의 원조라니, 어딘가엔 있겠지. 하지만 그게 뭐 어쩌라고 싶달까.

가는 길에 통영여객선터미널부터 강구안까지, 김밥집이 몇 개일까 한번 세어 볼까 시시덕거리며 발걸음을 옮겼다. 결국 그중 원조집이 있기는 하겠지. 어쨌든 충무김밥집이 제일 많이 몰린 곳이니까.

지금은 일단 안전 운전부터. 충무김밥 오리지널을 향해 간다. 그래, 충무김밥 오디세이다.

"일단 통영항 앞 강구안 근처로 가서 차 대고 걸어가 보자. 가다 보면 뭐라도 정리가 되겠지."

"강구안 걷기, 거 좋지."

희미한 내 어린 시절 기억의 장면들을 드문드문 이어 붙여 봐도 강구안 충무김밥집의 이미지는 그다지 많이 떠오르지 않는다. 내가 어릴 때도 여기에 충무김밥 가게가 있긴 했는데, 그때만 해도 지금처럼 충무김밥이 통영 음식의 상징이 될 줄 알았을까. 게다가 충무김밥을 통영 대표 음식이라고 생각해 본 적도 없었을 테고.

장담컨대, 아마 지금도 통영 토박이들을 붙들고 통영 대표 음식이 충무김밥이라고 생각하느냐고 물어보면 의외로 아니라고 답하는 사람이 상당히 많을 것이다. 심지어 강경하게 부인할 사람도 없지는 않을 것이다.

통영 말고 다른 지방의 경우에도 정찬이나 세심한 요리가 아니라 간편식이라 해야 할 음식을 자기 고장의 대표 음식이라고 하기엔 미묘하게 거슬려 할지도 모르겠다. 충무김밥도 통영꿀빵도 아무튼 '요리'라기엔 좀 간편하니까.

그러고 보니 통영꿀빵은 가장 유명한 가게 수준을 넘어 오리지널, 즉 원조집 하면 바로 떠오르는 곳이 있다. 꿀빵이 지금처럼 유명해지기 한참 전부터 좁은 골목길 가게에서 팔던 '오미사꿀빵'을 기억한다. 1963년 오미사꿀빵이 장사를 시작한 이래로 많은 통영 사람에게는 저마다 그에 얽힌 추억과 기억이 있고, 군것질거리가 다양하지 않던 시절 학생들이 사 먹은 게 현재 통영 대표 간식거리가 된 통영꿀빵의 시작이었다.

그런데 충무김밥은 나름 통영 토박이인 나조차 어디가 가장 먼저라고 할지 딱히 할 말이 없다. 사실은 내가 통영 사람이라서, 우리 동네 일이라서 더 말하기가 어려운 걸지도 모른다. 물론 저마다 원조 충무김밥집이라고 주장하는 홍보 문구가 꽤 많기는 하다. 1999년 12월 16일 자 한겨레신문의 기사에 따르면 '워낙 유명해지다 보니 충무김밥의 발상지 통영항 부둣가에는 원조임을 내세우는 충무김밥집이 30여 곳이나 들어서 있다'라고 하니 적어도 20여 년 전부터 시작된 원조 충무김밥집 논란은 지금까지 이어져 오고 있는 모양이다.

"오랜만에 먹는 긴데, 원조집은 모르겠지만 제대로 된 충무김밥 전문점은 아니까 글로 가야겠다. 그러고 보니 나도 최근에는 충무김밥 먹은 일이 별로 없었네."

"역시 그렇제? 그게 참 그렇다니까는."

이놈은 아침에 통화할 때만 해도 서울말로 떠들어 대더니만, 통영 도착한 지 몇 분이나 됐다고 사투리가 유창하다. 아니, 버스에서 내렸을 때랑 버스 터미널을 떠나는 지금이랑 또다른데? 오늘 지나면 나보다 사투리가 더하겠다.

"그렇다니 뭐가 또 그렇다는 소리고?"

"따지고 보면 내가 통영 출신 서울 사람 아이가. 내가 통영 밖에서 통영을 보는 통영 사람 시각에서 생각해 보니까 자기 동네 토착 음식이라고 유명한 음식을 그 동네 사람들이 그렇게나 자주 먹는 건 또 아니더라고. 막연하게 대중이 떠올리는 이미지하고 실제하고는 다를 거라는 말이지. 전주 사람이 전주비빔밥을 그리 자주 먹겠냐고."

문득 떠올려 보니 지난 1년여간 충무김밥을 어찌어찌 먹은 일은 꽤 있는데, 내가 일부러 찾아 사 먹은 일이 없다. 새삼 신기하기도 하다. 충무김밥뿐만 아니고 통영꿀빵도 몇 번이나 먹었는데, 어쩌다 먹었지? 그 또한 내가 사 먹은 게 아니라 어찌어찌 먹게 되고 그랬다.

"통영 사람이 충무김밥 먹는 거보다는, 그래도 전주 사람이 전주비빔밥을 더 자주 먹지 않으려나. 춘천 사람이 막국수 먹는 것도 통영 사람 충무김밥보다는 역시 더…."

"글쎄, 그러려나? 아무튼, 향토 음식, 토착 음식이라고 그

동네 사람들이 그렇게나 자주 먹는 거는 아닌 게 맞다. 통영 반 서울 반 사람으로서 내 결론이다."

"마 일단 됐고, 가기나 하자."

터미널을 빠져나와 죽림 신도시를 벗어나 구도심 쪽으로 이동하는 차 안에서도 녀석은 충무김밥 '썰'을 멈추지 않았다. 어쩌다 난데없이 충무김밥에 꽂힌 거람. 오랜만에 고향을 방문하니 설레는 모양이다. 아니 그저 원래 수다스러운 녀석이었던가.

"서울 직장 동료 중에는 통영 충무김밥을 모르고 명동 충무김밥만 아는 사람도 꽤 있는데."

"나는 서울 건 안 먹어 봐서 잘 모른다만, 여기랑 좀 다르다고는 하데."

"그 정도면 양반이지. 고속도로 휴게소였나 어디였더라. 메뉴에 충무김밥이 있길래 주문했더니 반찬으로 종잇장처럼 바싹 말라비틀어진 오뎅이랑 오징어 진미채가 나오더만. 게다가 깍두기 나오는 거 보고 할 말을 잃었다."

"그런 걸 보면 충무김밥이 유명하긴 유명하구나 하면서도, 이건 내가 아는 충무김밥이 아니다 싶지."

문득 그런 생각이 들었다. 과연 어디부터 어디까지가 충무김밥일까. 어린 시절 먹던 충무김밥과 지금 통영 곳곳에서 사 먹을 수 있는 충무김밥은 다르지 않지만 똑같지도 않다. 시대가 변하고 사람도 변하듯 음식도 달라진다.

강구안 근처에 차를 주차하고 내리니 녀석이 기지개를 쭉 켜며 숨을 깊게 들이쉰다.

"이제 통영이구만, 바다 비린내 난다."

"여기서 비린내는 무슨 비린내고."

"기분이 그렇다는 거지. 구도심 들어오고 눈앞에 배들 보이고 해야 아, 이게 통영이다 싶지."

그 말은 맞다. 시내 한가운데에 항구가 있고 어선이 수시로 드나드는 곳은 드물다. 그야말로 통영만의 풍경이다.

"그런데 강구안 공사 중이네. 어선 숫자도 많이 줄었는데."

"뭐 친수 공간 사업한다고 어선들을 근처 다른 데로 옮긴다더라고. 공사 참 오래도 하네."

"괜찮은 건가 모르겠구만. 통영 특유의 풍경이 사라지는 건 아닌가."

그러게, 어디부터 어디까지가 통영일까. 옛것과 옛 모습에 굳이 집착할 일까지는 아니라 해도, 그래도 통영만의 그 무엇이 있어야 하지 않을까.

충무김밥은 어떨까. 어린 시절, 아니 그 이전 충무김밥 초창기 모습이 그대로 지금껏 유지되어야 그게 진짜이고 원조일까. 굳이 그렇게까지, 싶다가도 그렇다면 충무김밥만의 그 무엇은 과연 무엇일까 하는 생각이 들었다.

"그래서 이제 어디로 가려고."

"오른쪽으로 가면 여객선 터미널, 왼쪽으로 가면 강구안 문화마당."

"둘 다 충무김밥집 줄줄이구만. 그런데 너도 충무김밥 오랜만이라니까 오늘은 네가 사는 거다?"

"뭐라노. 요즘 통영에서 충무김밥 1인분에 6,000원인데."

"많이 오르긴 했네. 4,000원 하던 때가 엊그제 같구만. 그래도 서울보다 싼데 뭐."

서울에선 더 비싸다니 놀랍고 어리둥절하다.

충무김밥의 스탠더드

◎

오늘날 충무김밥의 스탠더드, 즉 표준은 무엇일까.

희미하지만 개인적인 기억에서부터 시작해 보자. 나는 1973년생으로 1991년까지 통영에서 고등학교에 다니다가 대학에 진학해 윗지방으로 가면서 꽤 오래 고향을 떠나 있었다. 2007년 고향에 돌아와서 그동안의 많은 변화를 실감했는데, 그중 하나가 충무김밥이었다.

가장 피부에 와닿는 변화는 충무김밥 가게가 대충 세기도 힘들 정도로 많아졌다는 것이다. 2022년 1월 기준 통영 소재 충무김밥 가게는 50곳 가까이 된다. 내가 고향 통영을 떠나 대학에 입학하던 1992년만 해도 지금의 반이나 되었을까. 이 정도 숫자는 상상도 못한 일이었다.

충무김밥 자체도 변했다. 오늘날 통영에서 접하는 충무김밥은 어린 시절 것과는 재료도 달라졌고 양도 달라졌다. 솔직히 양이 줄기는 했다. 1인분에 김밥이 열 개이던 시절이 엊그

제 같은데, 지금은 여덟 개다. 김밥 크기도 조금 작아졌다.

어린 시절 강구안 앞 문화마당 김밥집에서 사 먹었던 충무 김밥의 구성은 김밥, 김밥만큼 담아낸 섞박지, 또 그만큼의 꼴뚜기(호래기) 무침이었다. 당시에는 지금처럼 통영에 충무김밥집이 수십 곳이 되지도 않았다.

나는 오랫동안 꼴뚜기와 호래기를 별개의 어종이라고 생각해 왔는데, 사실 호래기는 꼴뚜기의 경상도 방언이다. 즉 호래기의 표준어가 꼴뚜기인 것이다. 꼴뚜기는 오징어와는 비슷하면서도 다른 어종인데, 오징어보다 작아서 10~15센티미터 정도다. 오징어의 축소판이라고 생각하면 맞다.

내가 기억하는 1990년대 충무김밥에는 꼴뚜기 중에서도 제법 큰 것을 꼬치에 꿰어 내놓거나 몇 번 숭덩숭덩 잘라 오징어무침 하듯 만들어 반찬으로 곁들였다. 물론 건어물점의 말린 꼴뚜기를 볶아 낸 것과는 전혀 다르다.

그런데 언제부터인가 충무김밥 재료에 오징어가 등장하더니 이제는 충무김밥 메뉴의 표준이 됐다. 여기에 어묵무침이 충무김밥 반찬에 합류한 시기가 오징어보다 먼저인지 나중인지는 불분명하다.

지금은 충무김밥 식당 주인조차 오징어와 어묵이 충무김밥 메뉴의 표준이 된 시기에 가게를 시작한 이들이 많아졌다. 규모가 큰 충무김밥 업소 종업원들은 꼴뚜기 또는 호래기 이야기를 하면 "모르겠는데요"라면서 어리둥절한 반응을 보인다. 충무김밥집 몇 군데를 탐방하고 동네 어르신들을 인터뷰한 뒤 내린 결론은, 충무김밥 반찬이 완전히 오징어로 변한 시기는 대체로 1990~2000년대 초반이라는 것이다.

오징어와 어묵무침이 꼴뚜기를 대체한 변화는 어쩔 수 없는 일로 이해해야 한다. 꼴뚜기도 1980~1990년대와 달리 이제는 더 이상 값싼 수산물이 아니다. 통영 다찌집에서도 보기 드물어졌다고 하니 말 다 한 셈이다. 심지어 오징어조차 금징어로 불리는 요즘이다.

오징어무침이 통영 충무김밥에 등장한 것은 바다 환경이 변화해 꼴뚜기 수급에 문제가 생겨서이거나, 통영을 찾아온 관광객 수요에 따른 변화로 이해할 수 있지만, 오징어를 건조한 진미채가 그 자리를 대체하는 일은 통영 사람이라면 기함할 일이다.

오징어 진미채라니. 물론 충무김밥의 본고장 통영이 아니라 통영 바깥 고속도로 휴게소나 타 지역 몇몇 식당의 경우라지만 "이걸 충무김밥이라고 내놓다니 너무한다" 싶은 일이었다. 이래서야 타 지역 사람들이 충무김밥에 대해 오해할 수밖에 없지 싶었다.

그렇다면 2022년 현재 통영에서 충무김밥의 표준 모델은 무엇일까.

서로 다른 가게의 충무김밥이지만 그 구성은 엇비슷하다. 그중 꼬치에 반찬을 꿴 꼬치김밥에서
옛 충무김밥의 추억을 떠올릴 수 있다.

김에 밥으로만 만 속 없는 김밥 열 개 또는 여덟 개가 1인
분에, 오징어무침과 어묵무침을 섞어 한 무더기, 그리고 섞박
지 한 무더기가 나름의 표준이라고 하면 거의 맞다. 물론 시
락(시래기의 경상도 방언)국도 따라와 주어야겠지.

화룡점정 시락국

◎

통영여객선터미널 앞에도 충무김밥 가게가 줄줄이다. 일반 김밥을 파는 분식점은 골목 안으로 제법 들어가야 있고, 잘 보이는 곳에는 충무김밥집과 통영꿀빵집, 그리고 복국 식당 이 주를 이룬다.

여객선 터미널 근처 충무김밥집은 통영 토박이들에게 이름만 대면 알 만한 곳도 있고 '원조' 간판을 단 곳도 몇 있다. 방송에 출연한 모습을 내건 가게도 보인다.

"간판에 원조라고 써 놓은 데가, 강구안 문화마당 쪽이랑 여객선 터미널 앞까지 해서 내가 본 곳만 다섯이더라고."

"그게 의미하는 바가 있긴 하지."

"뭔 소리를 하려고."

"그만큼 평준화되었다는 이야기 아이가. 그리고 오늘 우 리가 아무 곳이나 들어가도 상관없다는 이야기이고."

하지만 녀석과 함께 찾아간 곳은 그냥 아무 곳은 아니고,

그다지 유명하지는 않지만 최근에 내가 맛을 들인 작은 가게다. 문을 열고 들어가자 혼자 있던 주인 할머니가 반긴다. 점심시간이 좀 지난 탓에 한산한가 했는데, 주문받은 분량을 포장하느라 손길이 바쁘다.

어디든 충무김밥 2인분은 성인 남자 두 사람의 식사량에 못 미친다. 3인분을 주문하던 친구는 가격표에 잠시 멈칫한다.

"어, 근데 여기는 5,500원이네. 요즘 통영에서 대부분 6,000원이랍서."

"다 똑같진 않더라고. 5,000원인 데도 있더라."

"전에 부산에서 충무김밥 사 먹는데 1인분에 7,000원인데. 반찬은 영 아닌데도 말이다."

잡담을 하는 사이 충무김밥 3인분이 나왔다. 김밥 스물네 개와 오징어 어묵무침, 그리고 둥글넓적한 섞박지, 여기에 시락국이다.

나는 충무김밥을 먹을 때 먼저 김밥을 하나 다 먹고 나서야 오징어 어묵무침, 섞박지 순으로 먹는다. 김밥 자체의 맛을 충분히 느낀 다음에 매운맛을 더한다. 좋은 쌀로 잘 지은 밥은 더 달고, 질 좋은 김은 더 고소하게 느껴진다.

"딱 보기에도 그냥 김에 밥 말아서 낸 글자 그대로 김밥하고 오징어무침, 무김치의 단순 명료한 조합이라 그런가. 그냥 보면 어라, 집에도 이런 반찬 있잖아, 싶거든."

"그래서 사람들이 가성비 소리 하는지도 모르겠다. 집에서도 얼마든지 만들 수 있을 거 같은 기분이 든다 아이가."

"그런데 정작 집에서 시도해 보면 이 맛이 안 난다. 그러니까 충무김밥 식당들이 장사를 하겠지만."

주문 전화를 받던 주인 할머니가 피식 웃는다. 그게 말처럼 쉬우면 장사가 되겠냐고, 나름 다 기술이고 손맛이라고 말이다.

"아, 그리고 사람들이 종종 무시하는 게 있는데, 국물이다. 이거 시락국 말이다."

"충무김밥에 시락국 없으면 섭하지. 말마따나 2퍼센트 부족한 거 아니겠나."

"어디 2프로뿐이겠나. 시락국이 충무김밥 화룡점정이지. 서울 어디서는 글쎄 멸치 국물을 내주더라니까."

"나는 우동 국물 내놓는 데도 봤다. 이게 뭔가 싶더라고."

충무김밥의 시락국과 여객선 터미널 근처 서호시장 골목에 유명한 시락국집의 시락국밥은 비슷한 듯 다르다. 시락국은 장어 뼈 등으로 국물을 내서 추어탕이나 장어탕 수준으로 국물이 진해서 한 끼 식사로도 손색없다. 그런 반면 충무김밥에 나오는 시락국은 멸치와 된장을 사용해 국물이 좀 더 담백하고 심심한 맛으로, 통영 사람들이 집에서 식사 때 곁들어 먹는 시락국에 가깝다. 그냥 먹으면 심심하지만, 이 시락국 없는 충무김밥은 앙꼬 없는 찐빵, 아니 사이다 없는 계란이랄까. 김밥의 담백함, 매콤하고 쫄깃한 반찬에 이어 구수하고 깔끔하게 입 안을 씻어 주는 시락국은 삼박자에서 없으면 안 될 요소임은 틀림없다.

충무김밥의 시락국은 맑고 담백한 한편 시락국밥의 시락국은 뽀얀 국물과 더 다양한
건더기에서 그 차이가 확연히 드러난다. 물론 두 시락국 다 맛있다는 건 공통이다.

별것 아닌 듯 별것 있는 맛

◎

충무김밥은 마른 김 한 장을 4등분 또는 6등분해서 속 재료 없이 밥을 말아 낸 김밥, 그리고 섞박지, 오징어를 데쳐서 무치고 어묵무침을 섞어 낸 반찬이 '충무김밥의 삼박자, 삼위일체'를 이룬다. 여기에 화룡점정으로 시락국이 따라붙어야 충무김밥의 완성이다.

충무김밥이 일반 김밥과 크게 다른 점 하나는 역시 김밥 그 자체다. 그저 김과 밥으로 이루어진 단순한 재료와 명료한 맛이 특징이다. 충무김밥을 좋아하는 이들은 '오히려 김과 밥뿐인 그 맛이 더 맛있다'라고 한다.

전 세계에서 한국인들처럼 마른 김을 좋아하는 이들은 찾아볼 수 없다. 갓 지어 김이 모락모락 피어오르는 쌀밥에 조미김 한 장을 얹어서 감싸면 짭짤하고 담백한 구성 그 자체로 김밥이다. 그런데 충무김밥은 일본 김초밥과 달리 단촛물을 쓰지도 않고, 밥에도 김에도 참기름은커녕 소금 한 알갱이 없이 그저 맨김으로 밥을 말아 내는데, 어떤 조미도 하지 않은 김과 밥의 조화는 서로를 더 빛나게 한다. 어쩌면 충무김밥이야말로 '김밥 그 자체'를 보여 주는 김밥일지 모른다.

김과 밥뿐인 김밥에 강렬한 양념을 더한 오징어무침을 한 입에 넣으면 오히려 김밥의 풍미가 더욱 살아난다. 담백한 밥과 고소한 김이 서로의 맛을 살리고 김밥이 심심할 때쯤 베어 문 섞박지의 시원한 식감과 새콤한 맛의 조화. 이것이 통영 충무김밥만의 매력이다. 미리 섞지 않고 따로따로 준비한 밥과 반찬의 시너지다.

물론, 단순한 음식일수록 좋은 식재료를 써야 제맛이 난다는 것은 진리다. 당연한 이야기 같지만 좋은 쌀, 좋은 김이어야 맛있는 충무김밥이 된다. 섞박지도 싱싱한 무를 잘 다듬어서 양념으로 충분히 익혀야 하고, 오징어무침도 통통하게 살오른 오징어를 써야 제대로다.

충무김밥은 특히 단순 명료한 구성인 만큼, 얼마나 정직하게 재료를 쓰고 정성을 들였느냐에 따라 맛의 차이가 명백하다. 심지어 충무김밥의 김밥을 싸는 데도 적절한 분량과 요령이 있고, 섞박지에도 나름의 규칙성이 있다.

어디선가 충무김밥이 맛없다고 느꼈다면, 그 이유는 명쾌하다. 저품질 식재료를 썼거나, 만들 때 정성을 들이지 않았기 때문이다. 어느 음식인들 그렇지 않겠냐마는, 특히 충무김밥은 식재료를 다루는 정성이 어느 정도인지 숨김없이 그대로 드러난다. 단순 명료해서 맛있고, 그만큼 잔재주로 맛을 속일 수 없는 음식이다.

과거부터 현재까지, 충무김밥 스토리

1950년대 통영운하 전경, 류완영 촬영, 류태수 제공

1962년 충무항 돛단배, 한국정책방송원 제공

1950년대 멸치잡이, 류완영 촬영, 류태수 제공

1950년대 통영과 마산을 오가던 여객선 동일호, 류완영 촬영, 류태수 제공

1950년대 강구안 여객선 터미널(현 문화마당), 류완영 촬영, 류태수 제공

뜨끈뜨끈한 김밥 사이소

⊙

"옛날엔 여기 여객선 터미널부터 강구안까지 쭉 배로 가득했는데, 지금은 텅 비었네."

"그렇지, 충무항 시절엔 온갖 배가 다녔다니까."

충무김밥을 먹고 나온 우리는 통영항 강구안 방향으로 걷기 시작했다. 이 일대가 곧 충무김밥의 역사적 현장이다.

소설가 김용익은 고향 통영을 배경으로 한 소설을 많이 썼는데, 그중 1964년 발표한 단편소설 〈밤배〉는 부산에서 밤배를 타고 충무항으로 돌아오는 장면을 담고 있다. 부산과 여수를 오가는 배에 올라타 '김밥과 꼬챙이에 낀 오징어무침'을 광주리에 담고 "뜨끈뜨끈한 김밥 사이소" 외치는 충무김밥 장수 할머니와 짐을 나르는 지게꾼들이 몰려드는 충무항 부둣가의 모습을 눈에 그리듯 묘사한다.

충무김밥의 역사는 남해 소도시 통영의 향토사, 통영 발전 역사와 맞물려 크게 몇 단계로 구분할 수 있다. 먼저 1960년 대, 그리고 1980년대, 이어서 2000년대다.

1960년대는 남해 바다 해운 여객 항로의 중심에 통영 이 있었다는 사실이 충무김밥 역사의 한 부분을 차지한다. 1980년대에는 전두환 정권의 관제 축제 '국풍81' 행사에서 충무김밥이 화제가 되었다. 2000년대에는 대전통영고속도 로 통영-진주 구간이 개통되면서 통영 관광객이 급증하고 충무김밥 가게도 크게 늘어난 시기다.

먼저 장면 하나. 1967년 충무항(통영항의 옛 이름으로, 1995년 충무시와 통영군이 통영시로 통합된 뒤부터 통영항 으로 불렀다) 강구안. 여수와 부산을 오가는 여객선 금성호 가 충무항에 머물렀다가 다시 먼바다로 나가려는데, 그 뒤로 허겁지겁 노를 저으며 금성호를 향해 달려가는 거룻배 전마 선(무동력 소형 목재 선박, 즉 사람이 직접 노를 저어서 물살 을 가르는 거룻배) 한 척. 그 위에는 김밥 장수 아지매가 있는 데, 속 재료 없이 김밥 따로 반찬 따로 내는 특이한 김밥을 판 다. 김밥 장수 옆에는 부산행 배를 놓쳐 안달복달하는 승객도 있다. 그리고 전마선 노를 젓는 남자는 김밥 장수의 남편이다. 1960년대 충무항에서 종종 볼 수 있는 풍경이었다고 한다.

1960년대 충무김밥 관련 사진 자료는 찾기 어렵지만 당시 통영에서 사진관을 운영하며 통영의 모습을 기록해 온 류완영(1919~1986) 사진 작가 덕분에 세월이 지난 지금도 1950~1960년대 통영항 풍경을 생생하게 확인할 수 있다.

또 1960년대 충무김밥 역사에 대한 기록과 언급을 특히 많이 남긴 또다른 이는 김세윤(1932~2017) 전 통영문화원장이다. 김세윤 문화원장은 일찍이 방송 인터뷰나 지역 언론 통영인뉴스 인터뷰를 통해 충무김밥의 역사를 증언했다.

김세윤 원장은 생전 KBS 방송 인터뷰(2016. 9. 21)에서 1960년대 충무항 풍경에 대해 이렇게 회고했다.

"1960~1970년대는 국내 여객선 황금시대가 충무항을 중심으로 열렸다. 사람이 많이 오니까 먹을거리가 필요한데, 자연적으로 김밥을 만들어서 충무항 강구안까지 이고 와서 여객선 부두 앞에서 장사를 하기 시작한 것이다."

"여수에서 점심을 먹고, 저녁은 충무에서 김밥을 사 가지고 부산으로 가는 밤배에서 (먹었는데) 술꾼들이 가는 동안 지루하니까 (술 한잔씩 할 때 충무김밥이) 부산 가는 배에서 안주로 인기가 최고였다."

"당시에 김밥 장수들이 전마선을 이용했는데, 자기 아들이나 남편이 전마선 노를 젓고 김밥 장수는 김밥을 함지박에 이고 지고, 배를 놓친 여객선 손님도 싣고 그리 갔지. 카누나

요트 경쟁하듯이 남자가 전마선 노를 젓고 달려 가지고 가면 여자는(김밥 장수는) 여객선 큰 배에 함지박을 올리고 그랬지."

지금 강구안을 보면 상상할 수 없는 일이지만, 1960년대 초부터 1970년대 초까지 충무항은 전라도와 경상도를 잇는 남해안 여객 해운의 중간 기착지로 활성화되었고, 이때 생겨난 통영항 특유의 풍경 하나가 바로 김밥 장수들이었다.

여수에서 출발한 여객선이 남해섬, 삼천포, 충무(통영), 성포(거제)를 거치면서 영도다리를 지나 부산항에 도착하기까지 여덟 시간 이상 걸렸다. 부산과 여수를 오가던 배가 중간 기착지인 충무에 닿으면 그 배의 승객들을 대상으로 아주머니들이 김밥을 팔았는데, '속 재료 없고 반찬 따로'인 오늘날 충무김밥의 형태가 그 당시부터 있었다고 한다. 적어도 1950년대부터 충무김밥이 존재한 셈이다. 통영에서 또 하나의 '원조'를 내세우는 '원조3대할매김밥'도 간판에 'since 1956'이라고 내걸고 있는 것을 볼 수 있다.

충무항에 내려서 김밥을 사 먹던 승객들과 김밥을 파느라고 배를 놓친 김밥 장수가 함께 전마선에 타고서는 배를 쫓으며 발을 동동 구르던 풍경을 흔히 볼 수 있었고, 그렇게 여객선에 올라 김밥을 팔던 아주머니들, 할머니들이 연안 여객선의 다음 기착지인 거제 성포항에 내렸다가 다시 충무로 돌아

오기도 했다고 한다.

1960년대 중반 이후 충무항에는 여객선 터미널 안에 김밥 가게가 세 곳 있었고, 그걸로도 모자라 부두에 김밥 노점 좌판까지 생겼는데, 1970년대 들어서는 남해고속도로 개통에 맞물려 해상 여객이 쇠퇴하면서 충무항 김밥 장수의 수도 줄어들었다.

충무김밥은 왜 통영김밥이 아닌가

◉

강구안 문화마당 일대를 걷던 친구가 손을 들어 통영꿀빵집 간판들을 가리킨다. 꿀빵을 사러 들어갈까 말까 갈등하는 눈치다.

"우리 학생 때만 해도 꿀빵집이 이렇게 많아질 줄 알았겠나."

"요즘은 종류도 다양하더라고. 팥 대신 고구마에 유자, 크림치즈, 모차렐라 치즈 넣은 꿀빵까지, 어디부터 어디까지 통영꿀빵인가 싶을 정도로."

"그런데 왜 통영꿀빵은 통영꿀빵인데, 충무김밥은 통영김밥이 아닌지 궁금하진 않나?"

"뭐 그냥 그러려니 했지. 통영 사람들 다 마찬가지일걸."

새삼스럽다 싶은 이야기다. 충무꿀빵이 아니고, 통영김밥이 아닌 그 이름들. 그래도 명칭과 이름이 드러내는 스토리가 있다.

충무시가 통영시로 바뀐 지도 20년을 넘어 30년으로 가고 있는데, 충무김밥은 통영김밥이라는 이름으로 바뀌지는 않는다. 충무시라는 이름과 함께 알려진 음식이니까.

"통영시가 충무시로 불리던 시절에 충무에서 서울 여의도로 갖고 올라간 김밥이 유명해진 게 이유 아니겠나."

"아, 국풍81 그거."

"통영에 오랜만에 왔는데, 역시 충무김밥 하면 제일 먼저 떠오르는 거기에도 가 봐야지."

"국풍81에 참가한 주인공 '뚱보할매김밥' 말이제."

"1981년에 서울 여의도로 올라갔을 당시에는 그다지 뚱뚱하지 않았다는 이야기도 있더라고."

"지금 기준으로 보면 뚱보할매가 '로컬 히어로'라고 해도 무리는 아니겠지."

가게에 들어서면 충무김밥 역사의 주인공임을 알리는 고색창연한 글씨, 그리고 후덕한 인상의 할머니 사진이 보인다. 60대 중반이던 1981년 당시에도 뚱보할매라고 불렸으려나.

"이분이 충무김밥을 개발했다는 이야기하고, 유명하긴 해도 개발한 건 아니라는 이야기하고 뭐가 맞겠노?"

"어… 그 전에 잠깐, 사 갈까, 여기서 먹을까. 그거부터 우선 정하고."

"포장해 가자. 좀 이따 천천히 먹어도 되지 않겠나."

"그게 충무김밥의 좋은 점이지. 그럼 어디로 갈라고."

이제 바다로 향한다.

충무김밥의 전국 데뷔

◎

충무김밥의 역사에서 '국풍81'은 빼놓으면 이야기를 할 수 없는 핵심 키워드라 할 수 있다. 이게 맘에 들건 안 들건 어쩔 수 없는 사실이다. 비유하자면 '1981년 이전은 충무김밥의 창세기 또는 기원전, 1981년 이후는 충무김밥의 역사 시대' 랄까.

국풍81은 1980년 5월 광주민주항쟁이 일어난 지 1년 뒤, 전두환 군사정권이 광주항쟁의 기억을 희석하고 정권에 대한 국민의 불신을 무마하고자 개최한 대규모 예술제이자 관제 축제다. 1981년 5월 28일부터 6월 1일까지 5일간 서울 여의도광장에서 열린 국풍81에는 5공화국 군사정권의 문화 행정 역량이 총동원되었다. 행사 동원 인력만 총 16만 명에 여의도 방문객은 600만 명에 달했다고 한다. 1988년 서울올림픽을 유치하기 위해 민속제, 전통 예술제, 가요제, 연극제 등 젊은 층을 대상으로 한 각종 문화 행사가 열렸고, 먹거리

노점에서는 전국 곳곳의 향토 음식이 맛을 뽐냈다. 전두환 정권과 국풍81을 비판하는 이들도 '충무김밥을 비롯해 전국 각지의 향토 먹거리가 널리 알려진 것은 나름 긍정적인 효과였다'고 평한다.

오늘날 지역 곳곳에서 열리는 '관제 축제' 행사에서 메인 무대를 중심으로 행사장에 천막과 부스가 둘러쳐지고 먹거리 좌판이 펼쳐지는 모습이 여의도광장에 전국구 규모로 연출되었다고 생각하면 비슷하다. 어쩌면 요즘 관제 행사의 원형이 국풍81일지도 모른다.

이 국풍81 행사에서 스타가 된 인물은 노래 '바람이려오'의 가수 이용이고, 전국구 스타가 된 먹거리가 통영(당시 충무시)의 김밥이다. 충무김밥뿐만 아니라 춘천의 막국수와 전주비빔밥 등 지금 우리가 알 만한 지방 도시 향토 음식이 전국에 알려진 계기가 바로 국풍81이라고 해도 과장은 아니다.

국풍81 여의도 행사장 가운데 상징탑을 중심으로 '팔도미락정'이라는 이름의 먹거리 장터가 벌어졌는데, 그 현장에서 가장 인기를 끈 먹거리가 충무김밥이었다. 현재 통영 강구안 문화마당 '뚱보할매김밥'의 그 뚱보할매, 어두이(당시 63세) 옹이 충무에서 가지고 올라간 김밥은 국풍81 행사장에서 그야말로 날개 돋친 듯 팔려 나갔다. 김밥 700인분이 서너 시간 만에 매진되었다고 한다. 1981년 당시 충무김밥 1인분이

1,000원이었는데, 행사 기간 순이익이 500만 원이었다니 지금 기준으로 봐도 대단한 인기였다.

통영 시민 김순효 씨는 40년이 넘게 지난 지금도 서울 여의도 한가운데에서 충무시 김밥 천막 앞에 줄이 길게 늘어선 장면을 생생하게 기억한다. 김순효 씨는 "국풍81 때문에 충무김밥이 전국적으로 유명해졌지. 내 서울에 있을 때였는데, 나는 그때 직접 여의도광장에서 목격했지. 충무에서 왔다고 하니까 반가워서 가 봤더니 앞에 사람이 얼마나 많은지 줄이 수백은 돼 보였다. 내가 거기 가 보고 싶어도 사람 물결에 떠밀려서 다른 곳으로 밀려갈 정도였다"라고 회고했다.

"할매가 쌀이고 김이고 모든 재료를 통영에서 공수한 걸로 기억하는데, 해가 쨍쨍하고 다른 사람들이 한창 장사하던 오후 3시, 4시 정도에 벌써 재료가 다 떨어져 문을 일찍 닫았지. 그만큼 인기가 정말로 대단했다."

충무김밥이 국풍81 행사장에서 그렇게 많은 인기를 모은 이유는 무엇일까. 김순효 씨는 이렇게 전한다.

"일단 맛있으니까 그랬지. 당시에 할매가 재료도 신경을 많이 썼고, 매콤한 반찬이라든가 특이한 구성이 당시 서울 사람들한테 신선하고 새롭게 느껴진 부분도 있었고."

당시 충무김밥이 국풍81 야외 행사장에 특히 잘 어울리는 음식이었던 것도 한몫했다. 봄을 지나 초여름으로 향하는 5

월 말과 6월 초 대낮, 대규모 인파가 오가는 여의도광장. 충무시에서 올라온 김밥은 사자마자 먹어도 좋았지만 몇 시간이 지나서 행사장 아무 곳에서나 먹기에도 좋았고, 집에 가져가서 먹어도 쉬지 않고 괜찮았다.

작은 촌 동네 충무에서 팔 때는 반찬을 꼬치에 꿰어 종이에 담아 주던 것도 국풍81에서 대규모 손님을 맞으며 '비닐'에 담아내는 것으로 포장 판매 방식도 바뀌었다. 나름의 현대화가 이루어진 것이다.

충무김밥의 홍보와 현대화에 더불어 중요한 것은 국풍81을 계기로 이 김밥의 명칭이 충무김밥으로 명명되었다는 것이다. 저 멀리 남해 바닷가 충무에서 올라온 김밥은 1981년 늦봄 전국구 데뷔를 하면서 그렇게 충무김밥이 되었다. 그렇다면 그 이전엔 충무김밥을 뭐라고 불렀을까?

빨간 다라이에 담긴 뱃머리김밥

◎

국풍81을 계기로 '충무김밥'이라 불리기 전에, 충무김밥은 '뱃머리김밥'이라고 불렸다고 한다. 고 김세윤 통영문화원장도 생전 인터뷰에서 1960~1970년대를 회고하며 '충무김밥'이라는 단어를 사용한 적이 없다. 1964년 발표된 김용익 작가의 소설 〈밤배〉에서도 충무김밥이 아니라 '김밥'이라고 칭할 뿐이다. 충무항 부두(뱃머리)에서 아주머니들과 할머니들이 함지박 또는 빨간 '다라이(대야)'에 담아서 팔던 김밥, 즉 뱃머리김밥이 충무김밥의 옛 이름이다.

　1973년 11월 15일 자 조선일보 '별미진미' 코너에서는 '충무 뱃머리김밥'을 다음과 같이 소개하고 있다.

　〈별미진미 75. 충무(忠武) 뱃머리 김밥〉
　꼬치 반찬 때문에 더 유명(有名)
　여객선을 타고 충무항을 드나드는 선객들이면 모르는

사람이 없다. 그만큼 이 김밥은 선객들에게 인기다.

김밥이라야 쌀밥을 김에 말아 손가락만큼씩 토막토막 자른 것이지만 이 뱃머리김밥이 유명해진 것은 김밥보다 꼬치에 낀 반찬 때문이다.

대(竹)를 가늘게 쪼개 다듬은 10센티미터 정도의 꼬치에 고춧가루를 듬뿍 묻힌 무김치, 오징어 새끼, 문어 새끼, 홍합 등 다섯 가지를 끼웠다. 이는 다른 곳에서는 찾아볼 수 없는 것.

술안주로 겸용되기도 한다.

여객선으로 여행하면서 간식용으로 김밥을 먹으며 이 반찬으로 안주를 삼으면 한려수도가 더 아름답다.

김밥 여덟 개에 반찬 꼬치 여덟 개를 합쳐 100원.

빈부귀천이 없이 배에선 누구나 즐긴다.

〈충무(忠武)=강정악 기자〉

1970년대에 충무김밥은 '뱃머리김밥'이라 불렸다고 당시 신문 기사에서도 명백하게 확인할 수 있다. 그리고 당시 뱃머리김밥은 오늘날 충무김밥과는 달리, 김밥과 따로 내놓은 반찬을 '꼬치'에 꿰어 내놓는 모습이었다는 기록도 확인할 수 있다.

그런데 '뱃머리김밥'의 뱃머리는 여객선 부두가 아니라 어선 부두를 가리키는 것일 수도 있다. 충무김밥의 기원은 여수-부산 간 여객선 승객을 대상으로 팔던 김밥이라는 설 외에도, 수산업 중심지이 충무시에서 어부들의 도시락으로 탄생했다는 이야기가 있다.

이른 아침부터 고기잡이를 나가는 통영 어부들을 대상으로 동네 아지매들이 김밥을 팔았는데, 새벽에 사서 바다로 가지고 간 김밥은 점심때가 되어서 먹으려고 꺼내면 통영 바다의 더운 날씨를 못 견디고 쉴 수밖에 없었다. 그래서 따뜻한 통영 바다 기후 여건과 뱃사람들의 필요에 따라 만들어진 게 뱃머리김밥이라는 것이다.

김밥과 반찬을 분리해서 담아낸 것이 뱃머리김밥, 즉 충무김밥의 시작이며, 어부를 대상으로 팔던 뱃머리김밥을 1960년대 이후부터는 부산-여수-부산 간 여객선 승객을 대상으로 판매하면서 통영 바깥으로 알려지기 시작했다는 이야기다.

뱃머리가 여객선 부두든 어선 부두든, 둘 다 뱃머리김밥이라는 이름과 잘 어울리는 이야기이고, 충무김밥의 현재 모습에도 어긋나지 않는다.

뱃머리김밥이라는 이름의 흔적은 지금도 확인할 수 있는데, 통영 강구안에 오래 터를 닦아 온 충무김밥집 '원조3대할매김밥' 간판을 잘 살펴보면 금성호 그림과 함께 '옛 뱃머리

충무김밥의 역사를 함께한 두 가게는 강구안 한가운데에 나란히 자리 잡고 있다.

김복순 할매'라 쓰인 것을 볼 수 있다.

1대 김복순 옹의 '원조3대할매김밥'은 어두이 옹의 '뚱보할매김밥'에 못지않은 역사를 내세운다. '뚱보할매김밥' 어두이 옹과 함께 동시대에 통영항 강구안에서 김밥을 팔던 1세대로 추정할 수 있다.

이외에도 인천과 창원, 마산, 거제 등등 타 지역의 충무김밥 가게 중에도 '뱃머리김밥' 또는 '뱃머리 충무김밥'을 이름으로 내건 곳이 여럿 있는데, 서로 이름은 비슷하되 체인점은 아니라고 한다. '뱃머리 충무김밥'이라는 이름이 붙은 곳은 통영 출신으로 타향에서 충무김밥집을 차린 경우인 듯하다.

원조를 찾아서

◎

서울 한가운데 여의도 국풍81 행사장에서 '충무시에서 갖고
온 김밥, 충무항 강구안 뱃머리에서 팔던 김밥'을 소개한 주
인공은 오늘날의 '뚱보할매김밥' 창업자 어두이 옹이다.

어두이 옹의 후대 윤흥석 대표가 통영 강구안 문화마당 앞
에서 운영하는 '뚱보할매김밥' 식당에는 오래된 국한문 혼용
의 서예 글씨로 충무김밥의 유래를 다음과 같이 적어 놓았다.

해방 직후인 1947년, 모두가 어려웠던 시절 경남 고성
출신인 어두이 할머니(1995년 작고)께서 부산과 여수
뱃길 중간 기착지인 이곳 건너 뱃머리에서 생계 수단으로
김밥 장사를 하였습니다.
처음에는 집에서 보통 김밥을 말아 머리에 이고 여행객의
식사용으로 팔았습니다. 너무 빨리 변질되어 버리는 것이
많아 걱정을 하시다가 반찬과 밥을 분리하면 보관 시간이

길다는 것을 고안해 낸 것이 충무김밥의 효시였습니다. 그 후 여행객 뱃사람 섬사람들에게 인기가 대단하였고 1981년 새마을운동이 한창일 때 '국풍81' 행사에 참가하여 전국적으로 유명해졌습니다. 장사가 잘되면서 주변에 여러 분들이 같은 방법으로 장사를 시작하였으며 이때부터 충무김밥이라는 이름으로 명성이 퍼져 나갔습니다.

수십 년 세월의 흔적과 함께 원조 충무김밥집의 자부심이 담긴 말을 그대로 받아들일지, 그냥 그렇다니까 그런가 보다 할지는 받아들이는 사람의 몫일지도 모른다. 그래도 어쨌든 통영에서 이 내용에 정면으로 반박하거나 이의를 제기하는 이는 별로 없다.

'뚱보할매김밥' 윤흥석 대표는 "몇몇 가게도 오랜 세월과 역사를 지니고 있지만 그래도 우리 어머니만큼 되는 분은 없다고 해야 하지 않겠나. 충무김밥 개발자가 우리 어머니인 것도 확실하다"라고 말했다.

통영 향토사에 밝은 이들은 "어두이 옹이 충무김밥 단독 개발자인가"라는 물음에 정확히 "그렇다"고 단언하지는 않지만, 적어도 충무김밥 역사에서 중요한 인물인 것은 맞다고 이야기한다.

통영시티투어 대표 박정욱 씨는 "내가 어릴 때인 1960~1970년대에도 아지매들과 할매들이 함지박에 김밥 이고 지고 와서 통영 뱃머리 부두에서 팔고 배 안에서도 팔 았는데, 국풍81 전부터 어두이 할매가 통영에서 김밥의 대표 인물이었던 것은 맞다"고 말했다.

박 대표는 "내 기억으로 그 할매(어두이 옹)는 자기 김밥 이 다 팔리면 옆 사람 것도 같이 팔아 주고 그랬지. 그것도 일 종의 덕, 품이 넓은 상인의 덕 아니었겠나"라고 회고했다.

전영근 화가도 "그 할매가 참 선하고 좋은 분이었다"고 기 억을 되새겼다. 통영이 고향인 그는 아버지 전혁림 화백에 대 한 기억과 추억을 담은 책 〈그림으로 나눈 대화〉에서 본인이 열 살 무렵이었던 1960년대 후반을 이렇게 회고했다.

내 어린 시절 항구가 발달한 통영에서는 주로 배를
타고 부산까지 이동했다. 항남동의 항구에는 언제나 큰
배들이 가득 정박해 있었고, 통영을 찾아오거나 떠나는
사람들로 늘 분주했다. 수많은 배들 중 금성호, 경복호,
원양호는 여수에서 통영을 거쳐 부산을 오가는 대표
여객선이었는데, 나는 그중에서 제일 작지만 가장 모양이
예쁜 원양호를 좋아했고, 어머니도 즐겨 타셨다.
(중략)

"어, 전혁림 씨 아들이네!"

나를 부르는 소리에 누군가 하고 돌아보니 충무김밥 아주머니였다. 통영에서 맛있기로 소문난 '뚱보할매김밥' 가게의 그 할머니다. 그 시설에는 배가 항구에 정착하면 아주머니들이 충무김밥을 가득 담은 나무 쟁반을 들고 타 배고픈 선객들에게 판매하고는 했다.

"니 혼자 아버지한테 가나?"

내 모습이 대견했는지 아주머니는 열 개에 100원 하는 충무김밥에 밥 한 덩어리를 더해, 붉게 염색한 종이에 싸서 2층 갑판 그늘에 놓아 주었다. 알이 굵은 홍합과 살이 통통한 주꾸미를 매콤하게 무쳐 내고, 새콤하게 익은 무김치를 나무 꼬챙이에 번갈아 끼운 무침 반찬과 김이 모락모락 오르는 김밥의 담백한 맛. 난생처음 혼자서 멀리 계신 아버지를 만나러 간다는 긴장 때문일까. 지금은 돌아가신 '뚱보할매김밥' 할머니의 젊었던 모습과 그날의 충무김밥 맛이 아직도 혀끝에 남아 있는 듯 생생하다.

여러 사람의 기억과 회고를 종합해 보면 "통영항에 드나 드는 배에서 김밥을 파는 아지매들이 있었고 그중에서 어두 이 씨가 어느 정도 중심적인 위치에 있었다" 또는 "좌판을 놓 고 김밥을 파는 아지매들 중 대표적인 인물이 어두이 씨였다"는 것이다.

또 1975년 조선일보 기사에서 언급한 바와 같이 전영근 화가의 회고에서도 1981년 이전 충무김밥이 뱃머리김밥으로 불리던 시절에는 김밥 반찬이 오늘날 모습과는 달리 꼬치에 꽂아 판매하는 형태였다는 것을 다시 한번 확인할 수 있었다.

전영근 화가는 또 하나 중요한 사실을 증언했다. "1981년 당시에는 충무 시청 추천으로 김밥을 국풍81 행사에 갖고 올라갈 만한 사람이 어두이 할매뿐이었다"는 이야기다.

"남해고속도로가 개통되고 차가 멀리 다니기 시작한 시절에도 충무항에 여객선은 몇 있었는데, (연안 여객선은) 점점 없어졌지. 충무항에 내리는 사람들도 줄고 김밥 아지매들도 점점 줄었어. 나중에는 대합실 한쪽에 어두이 할머니가 유일하게 거기서 김밥을 팔고 있었단 말이야. 지금 통영항 강구안 국민은행 앞 자리에 대합실이 있었다. 거기 들어가는 코너 반평 정도 되는 자리에서 오가는 사람들한테 어두이 할매가 김밥을 팔았지."

1960년대에 첫 전성기를 맞은 충무 뱃머리김밥은 1973년 남해고속도로 개통과 여객 해운의 쇠퇴로 김밥을 팔던 사람들이 줄어들었으며, 나중에는 어두이 옹만이 충무항에서 김밥을 팔았기에 대표 인물이 될 수밖에 없었다고 한다. 그랬기에 1981년 국가의 초대형 축제 국풍81에도 어두이 옹이 충무시의 '뱃머리김밥'을 대표해서 서울 여의도에 올라가게 되었다는 이야기다.

전영근 화가는 이렇게 덧붙였다. "국풍81에 충무시에서 가져가서 선보일 음식으로 수산물 요리라든지 다른 음식들은 손이 많이 가고 조리법이 복잡하거나 야외 행사장에 걸맞지 않거나 했다. 그런데 뱃머리에서 팔던 김밥이 딱 맞았던 거고, 당시 충무 시청에서 추천해서 어두이 할매가 올라가게 된 거다."

그렇게 충무김밥은 충무(통영)보다 먼저 유명해졌다. 통영이 전국적인 관광도시로 유명해지기 전부터 통영을 알린 문화 관광 상품인 셈이다.

〈장군의 아들〉로 유명한 홍성유 작가가 1988년에 출간한 책 〈한국 맛있는 집 777점〉에서도 충무김밥의 대표로 '뚱보 할매김밥'을 소개하고 있다.

충무에 한 번도 내려가 보지 않고, 충무의 김밥을 한 번도 먹어 보지 못하고도 충무김밥을 아는 사람이 많다. 그만큼 충무김밥은 유명하다. 충무의 향토 음식으로 여러 번 매스컴에 오르내렸기 때문이다.

그러나 막상 충무로 가면 충무김밥을 잘 모르는 사람이

많다. '뚱보할매김밥'이라야 아는 사람이 더 많다. 원래 뚱보할매는 인근 섬으로 다니는 여객선을 타고 다니며 행상으로 김밥을 팔며 다녔다.

뚱보할매의 김밥이 다른 김밥과 다른 것은 밤톨만 한 김밥에 속도 전혀 넣지 않고 간도 하지 않는 것이다. 여름철에도 밥이 쉬지 않게 하기 위해서다. 그 대신 찬을 따로 싸 주고 대꼬챙이로 찍어 먹게 한다. 썩둑썩둑 아무렇게나 썬 섞박김치에 꼴뚜기나 낙지를 무쳐 비닐봉지와 몇 개의 이쑤시개를 함께 건네주는 것이다. 질 좋은 고장 쌀로 밥을 짓고, 김밥에 직접 집에서 짠 참기름을 발라 내놓는 정성으로 하여 40년 가까이 별미로 사랑을 받고 있다.

서호동에 있는 뱃머리 가게에서는 김밥을 팔기만 하고, 항남동의 가게는 김밥을 말기만 한다. 1,000원이면 김밥 열댓 개쯤을 준다. 먹기에도 편하고, 맛도 있어 과연 충무의 명물이라 할 만하다.

항남동 해운센터 내 배 타는 곳에 있다.

이 책에서는 뱃머리김밥 시대를 지나 1980년대 충무김밥의 중요한 변화 하나를 확인할 수 있다.

1970년대 '뱃머리김밥' 시대에는 반찬을 꼬치에 꽂아 내놓는 형태였는데, 1988년 맛집 탐방 책에서는 충무김밥 반찬을 꼬치가 아니라 이쑤시개와 함께 담아 주는 오늘날과 같은 모습으로 묘사했다는 점이다.

1981년 국풍81에서 유명해진 뒤, 1980년대에는 뱃머리 김밥이라는 이름 대신 충무김밥이라고 불리기 시작했고 포장과 먹는 방식까지 오늘날과 같은 모습을 갖추게 되었다. 그 중심에는 어두이 옹의 '뚱보할매김밥'이 있었다.

숫자와 맛으로 읽는 충무김밥

섞박지, 15도와 20도 사이

◎

통영 육지에서 한산도 제승당으로 가는 뱃길에 오른다. 1960년대와 1970년대 남해안 연안 여객선이 왕성하던 시기는 물론이고, 내 어린 시절부터 여객선을 타면 따끈한 휴게실 바닥에 삼삼오오 모여 충무김밥을 먹는 풍경을 흔히 볼 수 있었다. 승객들은 저마다 다른 가게의 이름이 인쇄된 충무김밥 종이를 깔고 그 위에 비닐로 포장된 충무김밥을 펼쳐 놓는데, 음식 구성은 엇비슷하다. 충무김밥 구성을 빤히 지켜보던 친구가 문득 말한다.

"내가 서울에서 처음 충무김밥을 먹었을 때 제일 당황했던 게 뭔지 아나? 김치다."

"김치가 왜?"

"아니, 아까 고속도로 휴게소에서도 그렇지만, 거기서도 깍두기가 나오더라고. 나는 깍두기가 나오는 충무김밥은 여전히 상상도 못하겠는데, 왜 서울에선 깍두기로 만드는지 아나?"

"서울에서 왜 충무김밥 김치를 깍두기로 만드는지 이전에 통영에선 왜 비스듬하게 썰어서 만드는지 묻는 게 우선 아니가?"

"그거야 너무 당연하니까 물어볼 생각조차 못했지. 그렇게 말하는 니는 그 이유를 잘 아는가 보네."

"그야 나도 모르지. 그것도 뭐 결국엔 소비자 수요와 기호에 맞춘 거겠지만, 지금부터 함 물어보자."

서울 명동의 한 유명한 충무김밥과 본고장 통영의 충무김밥을 비교해 보니 서로 다른 점이 보인다. 물론 가게마다 차이는 있지만, 서울 충무김밥은 김밥의 크기가 통영 충무김밥보다 약간 작아서, 통영의 충무김밥이 새끼손가락 길이라면 서울 충무김밥은 손가락 두 마디 정도로 입 작은 사람이나 어린이의 한입에 쏙 들어갈 사이즈다.

서울 충무김밥집은 통영 충무김밥집과는 달리 반찬을 추가로 제공하는 곳도 있고, 오징어 반찬이 아니라 김밥을 추가로 제공하는 곳도 있다. 통영은 추가 없이 처음 제공한 분량 그대로다.

또 서울 충무김밥과 통영 충무김밥의 차이점 하나는 '국물'이다. 대도시 몇몇 식당에서는 파 고명만 송송 썰어 넣은 맑은 멸치 국물을 내오는데, 통영 오리지널은 부드러운 시래기가 가득 씹히는 구수한 시락국이다.

뭐니 뭐니 해도 서울식 충무김밥과 본고장 통영의 가장 큰 차이점은 섞박지다. 서울식 충무김밥은 김치가 거의 깍두기처럼 작게 삼각이나 사각으로 잘려 나온다면, 통영 충무김밥의 무김치는 크고 넓고 비스듬하다고 설명하면 맞다. 무 한 조각에서도 두께에 따라 서로 다른 식감과 맛을 내는 것이 충무김밥 무김치만의 특징이라고 할 수 있다.

통영 충무김밥의 섞박지는 넓게 썰어 젓갈 양념으로 충분히 숙성시킨다. 비스듬한 삼각썰기 또는 비껴썰기가 기본인데, 한 방향으로 기울여 써는 것이 아니라 각도를 달리해 한쪽은 조금 두껍고 한쪽은 매우 얇게 돌려깎듯 써는 것이다. 그래서 무를 써는 각도가 중요하다. 서울 충무김밥만 먹어 본 이들은 무슨 말인가 싶겠지만, 섞박지를 써는 방법이야말로 충무김밥의 핵심 중 하나다. 어떻게 써느냐에 따라 얇은 끝부분과 약간 두꺼운 부분의 아삭한 식감의 정도가 다르기 때문이다.

통영에서 유명한 충무김밥 몇 곳의 섞박지를 모아서 크기와 각도를 비교해 보았다. 전통적인 방식의 충무김밥 섞박지는 가게마다 크기는 조금씩 차이가 있지만, 대체로 자판기 커피 종이컵 윗면 넓이 정도다. 평균 폭이 8센티미터 정도로 잘 먹는 사람도 한입에 먹기에는 좀 큰 사이즈다. 수년 전에는 지금보다 더 크게 가로 폭이 10센티미터 이상이었는데, 그나마 최근에는 좀 작게 잘라서 김치를 담근 모양새다.

문구점에서 사 온 각도기를 섞박지 약 50개의 절단면에 갖다 대고 비교해 본 결과, 예각을 이룬 섞박지 단면의 '각도' 는 15도에서 20도 사이인 것으로 확인되었다. 달리 설명하자면, 충무김밥 섞박지의 예각은 목공이나 건축에서 쓰이는 목재 '쐐기'를 연상시키기도 한다.

그런데 이 섞박지의 각도는 충무김밥집 할매와 아지매들이 일일이 측정해 가며 잘라 낸 게 아니라, 경험의 공유와 계승으로 이루어진 것이다. 그야말로 '손맛'이다. 질서 정연하고 반듯하게 썰어 내지 않고, 무를 돌려 깎아 낸다는 느낌으로 숭덩숭덩 넓고 크게 잘라 내는 것이 중요하다. 너무 두꺼우면 안 되고 적당히 얇아야 간이 충분히 잘 배어들어 시원한 식감을 자아낸다.

통영 충무김밥 역사에서 반찬은 그때그때 수산물 수급 상황에 따라 주꾸미도 썼고 꼴뚜기, 오징어로 변화해 왔으며, 홍합무침도 끼어든 적이 있었지만 섞박지만큼은 예나 지금이나 변함이 없다.

크고 넓은 섞박지를 한입 베어 물면 입안에서 터지는 부드럽고 아삭한 식감과 숙성된 젓갈의 새콤한 청량감. 이 식감과

섞박지 15도

섞박지 20도

청량감이 통영 현지 충무김밥 맛의 차별점이다. 무 끝을 얇게 숭덩숭덩 썰어 내 충분히 숙성한 후 익힌 섞박지라야 제대로 된 충무김밥이라고 할 수 있다. 물론 서울식 충무김밥 깍두기의 찰진 식감이 더 익숙하고 좋은 사람도 있을 것이다.

서울 충무김밥과 통영 충무김밥을 골고루 먹어 보았다는 통영 거주 12년 차 서울 토박이의 말을 들어보자.

"서울 살 때 충무김밥을 너무 좋아해서 명동 갈 때마다 사 먹었어요. 일주일에 한 번은 들렀을걸요. 충무김밥을 좋아하는 사람들이 다들 그렇겠지만 알싸하고 매운 반찬의 맛과 맨김밥의 조화를 좋아했고, 특히 같이 나오는 건더기 하나 없는 멸치 국물을 좋아했어요. 매콤한 오징어무침과 새콤한 깍두기를 국물과 같이 먹으면 칼칼하고 시원하니 맛있었죠.
그러다가 통영에 와서 처음 충무김밥을 먹었을 땐 서울과 달라서 놀라기도 하고 맛이 없다고도 생각했어요. 그런데 계속 먹다 보니 재료가 정말 신선한 거예요. 서울에선 김치가 깍두기보다 조금 큰 정도의 한입 사이즈에 오래 숙성한 맛이라면 통영 섞박지는 크기도 큼직하고 양념도 신선하고 새콤 와삭와삭해요. 오징어는 말랑말랑하고 어묵이나 홍합을 같이 무쳐 내오는 것도 새로웠고요.

나중에 서울 가서 충무김밥을 다시 먹었는데, 옛날에 맛있다고 느낀 그 맛이 아닌 거예요. 이젠 시래깃국이 멸치 국물보다 더 맛있어요. 덜 자극적이고 재료의 신선함이 느껴지는 통영 충무김밥은 날것의 맛이에요. 서울 충무김밥에 익숙한 사람들은 통영 충무김밥이 덜 자극적이라서 낯설게 느낄지도 모르겠어요."

그렇게 서울 충무김밥과 통영 충무김밥은 비슷하지만 다르다. 넓게 숭덩숭덩 잘라 낸 섞박지가 아니라 깍두기라니, 과연 어디부터 어디까지가 충무김밥인 걸까. 통영 사람들이 서울 명동 충무김밥을 두고 "그건 충무김밥이 아니다"라고 할 것까지야 있겠냐마는, 네모진 깍두기가 낯설게 다가온다는 점만은 통영 토박이로서 부인하기 어려운 것은 사실이다.

전 세계에서 김밥집이 제일 많은 곳

◎

통영은 우리나라에서 인구 대비 김밥집이 가장 많은 곳이다. 결국 전 세계에서 김밥집이 가장 많은 곳이라고 해도 되겠다.

인구 약 12만 5000명에 면적 약 240㎢의 작은 도시인데, '김밥'이라는 상호를 내건 가게는 무려 79곳(2022년 1월 기준)이나 된다. 규모가 비슷한 다른 소도시에 비하면 두 배 이상 많은 숫자다. 이렇게 김밥집이 많은 이유는 충무김밥 때문이지만, 당연하게도 79곳 모두가 충무김밥 가게일 리는 없다.

통영의 김밥집 숫자를 확인하기 위해 제일 먼저 찾아간 곳은 통영 시청, 그중에서도 관광 행정 부서였다. 아무래도 충무김밥을 통영의 문화 관광 상품으로 본다면 관광 부서에서 뭔가 얻을 만한 자료가 있지 않을까 했지만, 숫자도 무엇도 전혀 없었다. 이어서 충무김밥에 대해 알아보기 위해 발길을 옮긴 곳은 통영 시청 지역 경제 부서였다. 김밥집이 소상공인에 해당하니 관련된 자료나 데이터가 있겠지 싶었지만 역시 없었다.

통영 김밥집이 79곳이라는 사실을 확인한 곳은 통영시 보건소 식품위생 담당 부서였다. 그렇구나, 결국 식당이니까. 하지만 통영을 대표하는 음식인 충무김밥을 관광 부서에서 다루지 않는다는 것이 의아했다.

실제로 '통영보다 먼저 통영을 알린 먹거리' 문화 상품이 충무김밥이라고 본다면, 충무김밥에 대한 지방행정의 무관심은 역시 아쉬운 부분이다. 나름 통영의 현대사, 향토사와 함께해 온 음식이며 통영을 방문한 관광객이 일단 먼저 찾는 음식이 아닌가.

아무튼 통영에는 무려 79곳의 '김밥집'이 있다. 그런데 이 중 '충무김밥'을 파는 가게는 몇 곳일까.

전국 어디에나 있는 분식 체인점의 대명사 김밥천국을 비롯해 속 재료를 넣은 김밥을 파는 곳은 79곳 중 32곳이다. 나머지 47곳이 충무김밥 가게다.

통영의 김밥집 또는 분식점의 특징 중 하나는, 속 재료를 넣은 일반 김밥과 충무김밥을 함께 취급하는 곳은 (거의) 없다는 것이다. 달리 말하면, 충무김밥을 파는 가게는 거의 대부분 다른 메뉴 없이 오로지 충무김밥만 판다는 이야기다.

흔히 김밥을 먹을 때면 김밥만 먹기보다는 라면이나 떡볶

이 등 다른 간편식을 곁들여서 먹고는 하는데, 통영 특유의 간편식인 우짜(국물이 자작한 우동에 짜장을 끼얹은 음식)나 시락국밥을 충무김밥과 함께 파는 곳이 없다는 것도 새삼 흥미로운 부분이다. 통영에서 충무김밥에 딸려 나오는 국물이 시락국이지만 시락국 식당과 충무김밥집은 전혀 별개다. 물론 충무김밥의 시락국과 시락국 식당의 시락국은 재료부터 만드는 방법이 다르기 때문이기도 할 테지만 어쨌건 시락국은 시락국이니까.

부산이나 창원 등 통영 이외 지역에서는 충무김밥과 함께 칼국수, 우동 같은 다른 분식 메뉴를 함께 취급하는 곳을 종종 볼 수 있어서 통영 현지와는 대조적이다.

2022년 현재 통영에 있는 충무김밥집은 47곳. 혹시 더 많을 수도 있지만, 약 50곳의 충무김밥집이 통영에서도 어느 동네에 자리 잡고 있는지 보면 충무김밥의 또 다른 특징을 알 수 있다.

통영에서 충무김밥 중심지는 역시 통영항 강구안 문화마당 거리, 지명으로 말하자면 중앙동과 항남동이다. 그다음으로는 서호동 통영여객선터미널과 서호시장 근처. 통영 구 도심의 중심부 중앙동과 항남동에만 충무김밥집이 18곳, 여객선 터미널과 서호시장 일대 서호동과 도천동에는 14곳, 유람선 터미널과 케이블카 일대 봉평동과 도남동에는 5곳이

통영여객선터미널 앞에 자리한 충무김밥 가게들

통영항 강구안 앞에 자리한 충무김밥 가게들

다. 이외에도 시외버스 터미널이 있는 광도면 죽림리에 충무
김밥 가게들이 자리 잡고 있다.

1981년 이전 충무김밥 초창기, 즉 뱃머리김밥 시절부터
지금까지 충무김밥은 여행자의 음식이다. 충무김밥은 여수
항과 부산항을 오가던 여객선 중간 기착지 충무항 강구안에
서 뱃머리김밥으로 시작해 오늘날에 이르렀으며, 통영의 여
객선 부두, 유람선 부두, 시외버스 터미널을 중심으로 퍼져
있다.

즉 통영 여행자의 동선마다 충무김밥집이 있다. 통영 여행
자의 동반자랄까. 통영에 발을 디딘 여행객을 가장 먼저 반기
는 향토 음식이 충무김밥이며, 섬으로 향하는 여행자의 눈에
가장 먼저 보이는 것도 충무김밥 간판이다. 애초에 충무김밥
은 뱃사람 또는 여객선 여행객의 간편식으로 탄생했으니, '여
행자의 음식'이라는 정체성은 충무김밥집이 자리 잡은 위치
에서도 알 수 있다.

충무김밥의 숫자들

◉

여객선 옥외 테이블에 충무김밥 포장을 풀었다. 바다 위에서
충무김밥을 먹으며 떠나온 방향을 바라보니 왼쪽으로 통영
항 강구안과 여객선 터미널이 보이고 저 멀리 오른쪽으로 유
람선 터미널이 나타난다. 그리고 이 터미널들에는 충무김밥
집이 함께한다. 당장 저 너머 눈앞에 보이는 충무김밥집도 있
고, 건물로 가려진 뒤편에 즐비한 충무김밥집도 있을 테다.

"야, 우리 계속 이러고 다니니까 왠지 충무김밥의 비밀을
하나둘 알아가는 것 같다. 자, 다음 화제는 뭔데."

"음… 그렇다면 퀴즈. 충무김밥이랑 관련된 숫자가 뭐가
있겠노."

"니 뭔데, 그 성의 없는 퀴즈는."

"충무김밥이 전국적으로 유명해진 국풍81의 8과 1, 1인분
에 여덟 개 충무김밥."

"혼자 묻고 혼자 답하네. 갖다 맞춘 느낌도 없지 않아 있다

만, 8과 1이 충무김밥의 키워드 넘버다, 이 말이제."

"기자들이 하는 소리 중에 있잖냐. 숫자가 드러내는 것들이 있다며."

"하기사, 왜 열 개도 아니고 여덟 개일까."

"김 한 장을 8등분으로 잘라서 한입에 먹기 좋게 한 거 아니겠나? 그냥 김밥도 한 장, 한 줄이 1인분이니."

"옛날에는 열 개였던 적도 있다던데?"

"밥 한 공기를 얼마큼 넣어 싸느냐에 따라 여덟 개가 되고 열 개도 되는 거 아니겠나."

"하긴 요즘 사람들은 점점 더 쌀을 안 먹는다는 말도 있더라."

"확실히 고봉밥 먹던 시대는 아니니까."

통영 충무김밥집에서 1인분을 주문하면 섞박지, 오징어무침과 함께 여덟 개의 김밥이 나온다. 2인분은 열여섯 개다. 1인분이 열 개인 시절도 있었던 것 같고 통영 이외 지역에서는 여전히 열 개인 곳도 있지만, 2022년 현재 통영에서 충무김밥 1인분 여덟 개는 요즘 말로 '국룰'이다.

김밥 1인분이 여덟 개라니, "왜 여덟 개인가요?"라고 김밥집에 물어봐도 "나도 모르겠다" 또는 "예전부터 그랬다"는 답 외에는 듣지 못했다. 누구 말마따나 한 끼 식사로는 모자라는

'1인분 같지 않은 1인분'이라 통영에서 충무김밥을 먹고 나면 꼭 반찬이 남아돈다.

최근에는 반찬도 안 남더라는 충무김밥 가게도 종종 있다. 밥을 먹고 반찬이 남지 않으니 음식물 쓰레기가 없어서 좋다 싶으면서도, 충무김밥의 느낌이 아닌 것 같고 허전하기도 하다.

통영에서 60~70대 이상 어르신들과 충무김밥 이야기를 하다 보면 김밥 1인분이 여덟 개인 이유와 반찬이 남는 이유가 의외의 지점에서 튀어나온다.

통영시티투어 박정욱 대표는 "충무김밥 1인분 그기, 원래 식사 1인분이 아닌기라"라고 말한다. 여덟 개가 1인분인데 식사 1인분이 아니라고요? 김'밥'인데 식사 1인분이 아니라니요?

박정욱 대표는 "정 기자도 그렇고 나도 그렇고, 예전에도 충무김밥을 제대로 된 식사 개념으로 먹은 건 아니라고 해야제? 산에 소풍 가서 묵으면 맛있잖아? 낚시터 도시락이고 어떨 때는 요기 겸 술안주고 그랬지. 김밥 한 무더기 주고, 또 그만큼 김치 한 움큼 하고, 오징어무침 한 움큼 하면 당연히 밥 먹고 반찬이 남지 않겠나? 그럼 그게 뭐꼬. 술안주지. 가볍게 소주 한잔하는 데 딱 아니냐."

1인분이든 2인분이든 충무김밥을 사 먹으면 꼭 반찬이 남는다. 충무김밥은 김밥이되 한 끼 식사가 아닌 간편식 또는 술안주였다는 이야기다. 술을 즐기지 않는 나는 남은 반찬을 그릇에 담아 냉장고에 뒀다가 밥반찬으로 먹기도 했는데, 안주가 되었건 다음 끼니의 반찬이 되었건 충무김밥을 먹고 남은 반찬이 또 한 끼 식사를 즐겁게 해 주었음은 확실하다.

일일이 재 보고 세어 본 '충무김밥의 숫자들'

통영 충무김밥 가게	47곳	2022년 1월 기준
충무김밥 섞박지 단면 각도	15~20도	섞박지 50개 단면 비교
충무김밥 1인분 김밥 개수	8개	현재 통영 충무김밥의 표준
충무김밥 한 개의 무게	20~25g	가게 3곳 충무김밥 비교
충무김밥 한 개의 크기	가로 5~6cm	가게 3곳 충무김밥 비교
충무김밥 한 개의 밥알 개수	630~680개	가게 3곳 비교

충무김밥집 사장님과 손맛 토크

◉

통영 봉평동. 봉수골로 불리는 이곳은 통영에서도 특히 아름다운 벚꽃길과 개성 있는 가게로 여행객의 발길이 쉼 없이 이어지는 거리다. 통영 핵심 관광지인 케이블카와 루지로 가는 길목에 있기도 해서 봉수골을 여행 코스에 묶어서 방문하곤 한다. 전혁림미술관으로 가는 봉수골 초입에서 작은 충무김밥 식당을 운영하는 이양숙 씨는 충무김밥 업계에서는 10년도 안된 신참급이다. 손님맞이와 김밥 포장으로 바쁜 가운데 어렵사리 짬을 내서 충무김밥을 만들고 파는 이야기를 나누었다.

정용재 충무김밥집 하신 지 얼마나 되었나요?

이양숙 얼마 안 됐어요. 5년 지났나? 저는 장사는
　　　　이게 처음이에요. 공부라기에는 조금 그렇고
　　　　충무김밥을 이렇게 해 보면 어떨까 싶어 이런저런

시도도 해 보고 그러다 보니 5년이 지났네요.

정 　아는 사람은 아는 이야기입니다만 요즘은 김밥을
　　기계로 말아 내는 곳도 있죠, 사장님께서는
　　손으로 다 직접 하시는 건가요? 기계로 만 거랑
　　손으로 직접 한 거는 모양도 식감도 차이가
　　있다고 하고요.

이 　손으로 말다 보면 끝부분에 김이 남아서
　　포개지거든요. 기계로 말 때는 딱딱 분량이
　　맞아떨어지게 김을 잘라 내는 거 같던데, 정이
　　없어 보이기도 하고요. 제가 말 때는 밥이 좀 많이
　　들어갈 때도 있고 덜 들어갈 때도 있고 그렇지요.

정 　시내 충무김밥집과 비교하면 크지 않은 가게인데,
　　주로 어떤 손님이 오나요?

이 　저희는 단골이 70퍼센트 정도 돼요. 택배 주문도
　　많이 하시고요. 저는 작게 하고 적게 벌려고
　　해요. 가게가 크고 일하는 사람들이 많으면
　　좋을 수도 있지만, 장사가 잘될 때도 있고 덜 될
　　때도 있으니까요. 여름에는 잘되지만 겨울에는
　　아무래도 덜 되거든요.

정 　충무김밥을 만드는 입장에서, 사람들이 이래서
　　충무김밥을 사 먹는구나, 하는 게 있을까요?

이   일단은 유명하잖아요. 통영이 관광지라는 게
     크긴 하지요. 그리고 충무김밥만의 맛도 있고.
     충무김밥 스토리를 알고 오시는 분들도 많은데,
     배 탈 때 먹던 거라든지 국풍81 이야기 하시는
     분들도 있어요. 우리보다 더 잘 알아요. 심지어
     이순신 장군 이야기하는 분도 있길래 그건
     아니라고 했지.

정   김밥 만드실 때 중요시하는 부분이 있습니까?

이   아무래도 일단은 반찬이 맛있어야죠. (미리 많이
     만들어 두는 것보다는) 자주자주 만드는 게
     중요하고, 김치는 충분히 익히는 게 중요하죠.

정   김치는 시간이 필요하지요.

이   네, 진짜로 시간이 필요해요. 익히는 게 제일
     중요하니까요. 더 익히고 덜 익히는 데 차이가
     있는데, 무김치가 충분히 익어야 맛이 있죠.

정   처음 시작하셨을 때랑 지금이랑 충무김밥에 대한
     생각이 달라진 부분이 있습니까?

이   처음엔 가격이 비싸다고 생각했어요. 4,000원
     할 때 시작해서 지금은 5,000원인데, 손님들이
     다른 데는 6,000원 하던데 올려도 되지 않느냐고
     해도 아직은 유지하려고요. 솔직히 제 생각에도

충무김밥 가격이 좀 그래요. 자주 사 먹는 사람들, 좀 아는 사람들은 서울에서는 9,000원 하는 걸 아니까 통영에서는 더 싸네, 그러거든요. 그런데 통영 분들은 대부분 비싸다고 하죠.

정 타지에서 충무김밥이라고 파는 걸 보면 김치도 다르고 해서 이게 충무김밥이 맞나 싶기도 해요.

이 그런데 객지에 사시는 분들은 충무김밥 드시면서 고향을 느끼나 봐요. 오랜만에 통영 오셔서 그땐 이랬는데 그랬는데, 하면서 드시더라고요.

정 통영 출신인데 타지 사는 분들이 통영 여행 와서 먹고 가시는 거군요.

이 그리고 요즘에는 택배도 잘되고 체인점도 있고요.

정 달라진 부분은 소비자의 요구에 따라서 그런 거겠죠. 시대에 따라서 변하기도 할 테고요.

이 오징어하고 어묵도 그렇고 이젠 반찬 형태가 많이 보편화돼서 이건 예전 충무김밥이 아닌데, 하는 분들은 별로 없어요. 게다가 오징어만 무치면 미끈거리고 맛이 없어요. 오히려 어묵을 좀 넣는 게 나아요. 저도 처음에 시작할 땐 홍합을 삶아서 넣었는데, 준비하기가 너무 힘들더라고요. 삶아야지, 껍데기 따야지. 도저히 안 되겠다 하고 포기했어요.

정   저도 그건 몰랐네요. 오징어하고 어묵을 같이
넣는 게 낫다, 오징어만 있으면 별로일 수 있다.

이   오징어만 있으면 식감이나 맛이 더 안 살아요.
어묵을 같이 넣는 게 낫더라고요. 그래서 옛날에
오징어가 아니라 호래기 쓸 때도 그거 하나만 한
게 아니고 홍합 같은 걸 같이 넣은 거거든요.

정   오징어는 살짝 데쳐서 무치는 거고, 어묵은
어떻게 하시나요. 어묵은 볶음인가요,
무침인가요.

이   어묵도 볶음이 아니고 무침이에요. 한번 데치면
불어서 물렁거리고 별로예요. 다른 분들은 어떻게
하는지 몰라도 저는 생으로 써요.

정   김밥 말 때도 꽉 쥐지 않고 밥알 사이에 약간
공기가 있어야죠? 기계보다 손맛이 좋다고 하는
게 초밥 말 때처럼 빡빡하게 말면 안 되고 부드럽게
말아 주는 게 밥알 식감이 산다고 해야 하나.

이   맞아요. 손으로 말 때 밥알이 더 살아 있는
느낌이죠.

정   김이 밥의 맛을 더 살리고, 밥이 김의 맛을 더
살리죠.

이 　　 거기에 재밌는 게 손님들이 방송이라도 보고

오시는지 김밥 한 개에 뭘 더 어떻게 꽂아 먹어야

하네, 하기도 하고, 저한테도 먹는 법이 있냐고

하시길래 꼭꼭 잘 씹어 드시라고 했죠. 요즘엔

먹는 법이 따로 있는지 물횟집에 가도 먹는 법을

따로 적어 놓았더라고요. 저희 손님들 중에서도

어묵만 남기는 분도 있고 오징어만 남기는 분도

있고 파만 남기는 분도 있어요. 저는 그냥 손님

취향대로 맛있게 드시면 된다고 생각해요.

주문을 받으면 바로 말아 주는 김밥에는 손맛이 더해져 더욱 특별한 맛이 난다.

반찬은 그때그때 무쳐야 신선하고 제맛이 난다.

충무김밥의 오늘과 내일

어쨌거나 통영에서 가장 유명한 음식

◉

"너도나도 통영에 왔다 하면 충무김밥을 사 먹는데, 그렇다면 충무김밥은 통영 대표 음식일까? 내 생각엔 맞는 거 같은데."

"나는 아니라고 본다. 통영 사람들 누구라도 붙잡고 물어봐라. 다 아니라고 할걸."

"야, 충무김밥집 분들은 섭섭하다고 하겠다. 이게 통영 밖에서 보는 시각이랑 통영 안에서 보는 관점의 차이일까."

충무김밥은 여러 통영 음식 중에서 인지도가 가장 높은 음식이라는 점에서 '통영 대표 음식'이 맞다. 그런데 통영 사람을 붙잡고 충무김밥이 통영 대표 음식이냐고 물어보면 열에 아홉은 아니라고 말할 테니, '통영 대표 음식'이 아니다. 물론 이건 통영꿀빵이나 우짜도 마찬가지다. 충무김밥 가게를 하시는 분들을 제외한다면 아마 거의 대부분이 "충무김밥이 통영 대표 음식이라기에는 좀…"이라고 말할 것이다.

충무김밥이 통영 대표 음식이냐 물었을 때 그렇지 않다고 하는 사람들은 이렇게 말한다.

"통영 사람들이 일 년에 몇 번 사 먹을까 말까 하는 걸 지역 대표 음식이라 할 수 있을까?"

통영 토박이인 나조차 작년 2021년 한 해 동안 충무김밥을 직접 사 먹은 일이 없다. 야외 활동을 하면서 단체 주문으로 먹은 적은 몇 번 있지만, 글자 그대로 '내돈내산'이 없었다는 것이 새삼 놀라운 일이긴 하다.

하지만 통영에서 전국적으로 가장 유명한 음식이 무엇이냐고 한다면, 통영 사람이든 아니든 누구라도 충무김밥이라고 답할 터다.

충무김밥이 유명해지고 대외적으로 통영의 대표 음식이 된 데는 역시 매스컴의 힘이 큰 역할을 했다. 국풍81 행사를 계기로 전국 신문 방송에 '충무 별미'로 소개되고, 서울 한복판 명동에도 충무김밥집이 생겼다.

유명한 스타 소설가 홍성유 작가가 쓴 〈한국 맛있는 집 666점〉이란 책에도 충무김밥집이 소개되었고, 이 책으로 홍성유 작가는 대한민국 최초의 맛 기행 작가로 자리 잡기도 했다. 홍 작가의 〈한국 맛있는 집〉 책은 한국관광공사의 후원으로 1988년 〈한국 맛있는 집 777점〉으로 개정 증보판을 냈으며, 이후에도 1999년 〈한국 맛있는 집 1234점〉까지 개정판을 냈을 정도니.

지금처럼 모바일 인터넷과 스마트폰, SNS가 없던 시절, 사람들은 신문에 나온 충무김밥 소개 기사나 인기 소설가의 맛 기행 책을 보고 통영 충무김밥집을 찾았다.

전 국민적인 매스컴의 시대에 충무김밥은 남해안 통영 별미로 알려졌다. 1980년대 이후 2000년대까지, 매스컴의 시대를 살아온 이들에게 충무김밥은 향수를 불러일으키는 이름이다.

그럼에도 나에게 누군가 "충무김밥이 통영 대표 음식이지요?"라고 묻는다면, 잠시 머뭇거리다가 "아… 그건 아닌 거 같습니다"라고 대답할 것 같다.

통영 시청 관광 부서에도 충무김밥에 대해 정리한 내용이 없고, 통영 향토사 관점에서 충무김밥을 다룬 시도도 없다. 통영 안팎 언론에서 피상적으로 짤막하게 홍보성이나 맛 기행 관점으로 다룬 글이 대부분이다.

통영을 대표하는 음식은 무엇이 있을까? 흔히 '통영' 하면 가장 먼저 굴, 멍게와 각종 생선류를 떠올릴 것이다. 그러나 이것들은 음식이 아닌 원재료라 논외로 치더라도 의외로 전국 굴 생산의 70퍼센트를 차지하는 통영에는 관광객을 대상으로 하는 굴 코스 요리 식당 외에 굴국밥집 같은 가게가 드물다.

멍게 또한 통영과 거제 지역이 전국 생산량 70퍼센트에 달하는 대표 산지인 만큼 멍게비빔밥이라는 메뉴가 관광객에게 각광받고 있지만, 충무김밥만큼 유명하지는 않은 데다가 호불호가 있기도 하고, 통영 사람들이 생각하는 대표 음식은 아닐 것이다.

또 다른 관광객들의 인기 메뉴로 봄철 도다리쑥국이 있을 것이고, 여름이면 통영 사람들이 몸보신으로 먹는 붕장어구이나 장어탕, 하모회. 그리고 겨울이면 시원한 물메기탕 정도를 꼽을 수 있다.

그러나 이중 무엇도 '대표'라 하기에는 아쉬운 감이 있다. 그 지역을 떠올리면 타지 사람들도 바로 연상할 만한 대표성을 지닌 음식, 지역 문화의 특색을 고루 갖춘 음식이란 아무래도 쉽게 특정하기 어렵다.

300년 통제영의 역사가 담긴 통영 전통 제례 음식도 있다. 그러나 이것들은 전통 음식이라 할 수는 있어도 지역의 일상과는 동떨어져 있을 뿐 아니라, 관광객은 둘째치고 꽤 많은 통영 사람들에게도 낯설다.

음식 문화란 시대에 따라, 사람들 입맛과 사회 변화에 따라 영향을 주고받으며 끊임없이 변화하고, 탄생하고 또 없어지는 것일 테다. 충무김밥 또한 그 흐름 속에서 전성기를 지나 오늘에 이르렀을 것이다. 1980년대의 '충무의 별미'에서 충무김밥은 어디로 나아가고 있는 것일까. 알 수 없는 일이지만, 오늘 내게 "통영 대표 음식은 뭘까요?" 한다면 역시 충무김밥 외의 다른 후보를 꼽을 수 있을지 아직 잘 모르겠다.

그리고 미디어 파편화의 시대인 2022년 현재, 매스컴이 위력을 잃은 시대에 충무김밥은 각종 인터넷 커뮤니티를 중심으로 '가성비 논란'에 시달리고 있다.

길거리 음식이 대표 음식이 된 딜레마

◎

이미 수년 전부터 이런저런 커뮤니티 사이트나 포털 사이트에서 충무김밥의 연관 검색어로 따라붙는 말은 '가격 불만', '가성비'다.

통영에서 충무김밥이 10여 년 전 1인분 4,000원이던 것이 지금은 6,000인데, 서울에서 충무김밥은 이미 10년 전에 6,000원이었고 지금은 8,000~9,000원이라니 불만을 납득할 만하다.

1인분에 4,000~5,000원 할 때만 해도 '그 정도 가격에 대단히 맛있는 음식을 바라는 것 자체가 모순 아닌가'라고 생각했는데, 6,000원이 된 지금은 가격 불만에 대해 충무김밥을 옹호하기 어려워졌다.

충무김밥의 역사를 기억하는 분들의 이야기는 "원래 충무김밥은 길거리 음식에서 출발한 간편식이지, 애초에 한 끼 식사는 아니다"라는 것이다.

통영문화원 김일룡 원장은 "통영 사람들이 통영 대표 음식으로 충무김밥을 떠올리지 않는 이유 중 하나는 길거리 음식에서 출발한 간편식이라서가 아니겠나"라고 말한다.

충무김밥은 부둣가에서 함지박에 담아 팔던 길거리 음식에서 유래한, 말하자면 로컬 스트리트 푸드다. 그러고 보면 충무김밥만큼 전국적으로 히트한 로컬 스트리트 푸드는 없지 않을까.

그런데 유명해지다 보니 뒤따르는 문제도 있다. 애초에 한 끼 식사가 아닌 길거리 음식으로 시작한 '별미' 또는 '간식' 메뉴인데, 브랜드 가치가 생기고 대중의 기대치도 급격히 높아졌다. 그리고 향토 음식으로서 브랜드 가치가 붙다 보니 가격 상승도 가파른 편이었다. 수년 전 통영 시청에서는 충무김밥 가격 때문에 지역 내 충무김밥 식당들과 간담회를 갖고 가격 조정을 시도한 적도 있을 정도다.

통영시티투어 박정욱 대표는 "길거리 음식으로 시작해서 전국적으로 유명세를 타게 된 음식 중 통영 충무김밥만 한 게 있을까? 나는 없다고 본다. 그런데 크게 유명해지다 보니 사람들 기대치가 커진 부분도 인정해야 할 거 같다"고 한다.

기대치가 높아진 상태에서 직접 먹어 보고 "뭐야, 이게 다야?" 하면서 실망하는 경우도 생기는데, '통영 향토 음식' 이외의 장점을 어필하기가 점점 어려워지고 있는 것이 현실이다.

처음부터 한 끼 식사는 아니었다는 충무김밥이라지만 이제는 여덟 개 1인분이 짜장면 한 그릇 값이 되었다. 양은 적지만 가격은 만만찮은 탓에 한 끼 식사는 아니었다고 말하기에는 옹호할 논리가 미약해졌다.

충무김밥 가격이면 다른 무엇을 더 먹을 수 있다든지, 조금 더 보태면 한 끼 식사라든지 하는 것은 각종 인터넷 커뮤니티에 심심찮게 올라오는 말들이다.

60년 역사를 지닌 충무김밥이 앞으로 60년간 현재진행형의 친근한 메뉴로 지속될 수 있을까. 향수를 불러일으키는 메뉴에 머무를 뿐이라면 쉽지 않은 일이다.

거기에 이어 충무김밥은 더이상 통영의 '로컬 푸드'가 아니다. 안타깝게도 현재 충무김밥 재료는 쌀, 김, 오징어, 어묵, 무, 양념 등등 대부분이 통영 바깥에서 나는 것들이다. 통영에서 가장 가까운 벼농사 지역은 이웃 고성군으로, 통영은 사실상 벼농사를 짓지 않는 동네다. 김이야 두말할 것 없이 경남보다는 전남이다. 그런데 오징어와 어묵도 모두 통영산이 아니니, 남은 건 무김치 하나일까. 무도 사실상 통영산은 아니니까, 그나마 양념만 남는다.

그렇다면 수십 년 전 충무김밥은 어땠을까. 어느 정도는 나름 통영 로컬 푸드라고 해도 무리는 아니었다. 당시엔 지금보다 더 활발히 통영산 김을 수확했고, 무엇보다 꼴뚜기가 통영 앞바다에서 흔하게 잡히는 시절이었다. 이제는 통영에서 꼴뚜기는 다찌집에서조차 보기 어려워졌으니, 바다의 변화를 탓할지, 지구온난화를 탓할지, 어족 자원의 씨가 마를 때까지 무관심했던 사람들을 탓해야 할지 모르겠다.

1990년대 이후 꼴뚜기 대신 충무김밥의 새로운 주역이 된 오징어조차 금징어로 불릴 정도니 국내산 오징어 수급 문제는 어제오늘의 일이 아니다. 동해산 오징어도 수급이 불안정하고 시중에는 수입산이 대부분이다. 충무김밥 재료라고 다를 리 없다.

앞으로 통영 충무김밥은 재료의 딜레마를 지금까지처럼 그저 가격 인상만으로 대응해도 될까, 하는 문제도 남는다.

그러나 여전히 통영을 찾는 많은 이들에게 충무김밥은 대표성을 지닌 음식이고, '통영 대표 음식'이라는 타이틀에 대한 논란은 차치하더라도 충무김밥을 향한 지역민의 애정도 여전하다. 통영에서 나고 자란 30대 이오삼(가명) 씨는 기억도 나지 않는 어린 시절부터 충무김밥을 먹어 왔다며 다음과 같이 말했다.

"할머니 댁이 뚱보할매김밥 근처였는데, 할머니가 항상 여기가 원조라고 말씀하시기도 하고 가깝기도 해서 어릴 때는 늘 그 가게에 가서 먹었던 기억이 나요. 지금은 다른 단골집을 더 자주 가지만요. 저희 집은 밥하기 귀찮고 특별하게 당기는 것도 없고 그런 날에 충무김밥을 먹어요. 가게에 가면 대기 시간이 거의 없이 받을 수 있고, 바로 포장을 풀어서 먹을 수 있고, 또 먹으면 맛있고. 건강하고 든든한 패스트푸드 같은 느낌이거든요. 충무김밥에는 통영이 복합적으로 들어가 있어요. 통영 바다가 떠오르는 해산물이라든지 젓갈을 쓴 김치 양념이라든지. 서울은 좀 심심하고 대중적인 맛이라면 통영은 특유의 강한 맛이 있잖아요. 충무김밥이 맛없다던 서울 친구들도 통영으로 놀러 와서 먹고는 이렇게 맛있는지 몰랐다고 늘 놀라곤 해요."

서울 출신으로 통영에 7년간 거주하며 충무김밥을 다양하게 접한 김현우(가명) 씨는 가격만의 문제가 아니라 어떻게 음식의 퀄리티를 유지하고 발전할 것인지가 더 중요하다며 이렇게 이야기한다.

"사실 통영에 오기 전까지 충무김밥이 맛없는 음식인 줄 알았어요. 전주비빔밥이나 춘천막국수 같은 음식은 본고장을 떠나 다른 지역에서 만들어 팔 때도 그렇게 저평가 받진 않는데 유독 충무김밥은 실제보다 많이 저평가되어 있다고 생각해요. 다른 지역에서 파는 충무김밥이 맛이 없기 때문이 아닐까 싶어요. 충무김밥의 맛을 지키려는 노력이 안팎으로 있어야 하지 않을까요? 옛날엔 충무김밥 반찬을 꼬치에 꽂아 주었다던데 충무김밥의 원형에 가까운 독특한 모습을 그대로 유지하는 곳이 별로 없는 게 아쉬워요. 꼬치 김밥 반찬에 홍합이 있었다가 지금은 사라진 것도 그렇고 재료가 간소화된 것 같아요. 어떤 곳은 섞박지 무도 비스듬하지 않게 대충 썰어 주더라고요. 통영이 관광지로 유명해진 뒤로 동네 주민보다는 관광객 대상의 장사가 되면서 질에는 신경을 덜 쓰는 건 아닌가 싶어요."

맛의 완성은 통영 풍경

⊙

갈매기를 배경 삼아 배 뒷전으로 물살이 갈라지며 포말이 이는 모습을 보면서 충무김밥을 먹는 기분은 각별하다. 짭쪼름한 바닷바람과 좋은 사람이 함께라면 더욱 그렇다.

"1960년대에 부산과 여수를 오가는 여객선에서 승객들이 먹던 김밥하고 똑같지는 않겠지만, 지금 이 정도면 상당히 근접하게 재현했다고 할 수 있겠제?"

"여객선 위까지 김밥을 갖고 와서 파는 아주머니들, 할머니들은 없지만 말이지."

주변을 둘러보면 야외에서 충무김밥을 먹는 테이블이 우리 말고도 한 팀, 통영꿀빵을 먹는 가족들도 있고, 컵라면이 익기를 기다리는 사람도 있다. 갈매기를 향해 과자를 내미는 학생도 보인다.

세월이 흐른 만큼 먹거리도 변화하고, 그때 그 시절 없던 주전부리는 또 얼마나 많이 생겼는지.

"많이 잡았습니까!"

친구 녀석은 통영항 방향으로 물살을 가르는 낚싯배를 향해 손을 흔든다.

"어선인가 했더니 낚싯배네. 저 사람들도 충무김밥 싸 가지고 왔으려나."

"낚싯배에도 어선에도 이제 충무김밥 말고도 먹을거리는 선택의 폭이 더 넓어졌겠지. 그래도 통영 바다 풍경 속에서는 충무김밥만 한 게 없다. 그건 니도 알고 내도 알고 저 사람들도 다들 알지."

어느덧 여객선 옆으로 거북선등대가 보이고 한산도 제승당이 가까워 온다. 강구안에서 싸 온 충무김밥은 바닥을 보이고, 비닐 포장이 바람에 날려 가기 직전에, 나이스 캐치! 충무김밥은 통영 바다 풍경으로 완성되고 충무김밥은 통영 바다에 잘 어울리는 풍경이지만, 비닐 쓰레기는 바다에 어울리지 않으니까. 정리는 제대로 하자.

통영 안팎에서 만난 충무김밥 팬들은 "역시 통영 풍경 속에서 먹는 충무김밥이 제맛"이라고 한다. 통영 바닷길 배 위에서 충무김밥을 먹는 순간이 통영 여행의 완성이며, 낚시꾼들에게도 갯바위나 낚시터에서 허기를 달래 주는 데 충무김밥만 한 것이 없다.

창원 시민 백수정 씨는 "통영에 갈 때마다 충무김밥을 사먹어요. 뱃사람들의 도시락이었다고 하는 충무김밥은 왠지 통영 바다를 보며 먹는 것이 제맛인 것 같아요. 먹을 때마다 감탄하지만, 포장해서 집에 돌아와 먹으면 통영에서만큼의 맛은 나지 않는 것 같고요"라고 말한다.

백수정 씨는 또 "내가 좋아하는 다른 향토 음식인 춘천닭갈비, 안동찜닭은 어디서 먹어도 괜찮은데, 충무김밥은 통영 바다와 함께 먹어야 제맛이지 싶어요. 충무김밥은 그 어떤 음식보다 특히 장소성을 지닌 음식인가 봐요"라고 충무김밥에 대한 소감을 전했다.

창원 시민 이민주 씨는 "오징어 반찬이 특히 맛있고 술안주로 좋은 것 같아요. 그래도 충무김밥은 통영에서 먹어야 더 맛있죠. 역시 배달보다는 야외 도시락용으로 좋고, 특히 야구 보러 갈 때 그냥 김밥보다 충무김밥이 훨씬 더 좋았다는 기억이 나네요. 밖에서 시간이 지나서 먹어도 충무김밥은 여전히 좋은 거죠"라고 한다.

통영 시민 한점순 씨는 "몇 년 전 친구들과 함께 산에 놀러 갔을 때의 추억이 나네요. 모두가 도시락을 준비해 왔는데, 하나같이 충무김밥을 사 온 거였죠. 얼핏 거기서 거기 같은 충무김밥이지만 그래도 서로 미묘하게 다른 맛과 식감을 느낄 수 있었고, 그게 여럿이 함께 즐기는 충무김밥의 묘미이기도 했네요"라고 전했다.

충무김밥의 공간은 충무김밥집 실내보다는 충무김밥집 창밖으로 바라보는 항구, 또는 통영 풍경 그 자체다. 동피랑 꼭대기 동포루일 수도 있고, 서피랑 언덕일 수도 있고, 이순신공원 바닷가일 수도 있다. 한산도 제승당을 오가는 카페리 위에서 먹는 충무김밥은 통영 여행의 '결정적 순간'이 된다.

충무김밥 맛을 한층 올려 주는 통영 풍경

변화했지만 여전한 고향의 맛

◎

통영이 전국적인 관광도시가 된 2000년대 이후, 특히 유명세를 타고 통영항 강구안에서 성업 중인 충무김밥집은 어두이 옹의 '뚱보할매김밥'과 함께 오랜 역사를 자랑하는 '원조3대충무할매김밥', 그리고 '한일김밥'이다.

특히 한일김밥은 통영에만 본점과 분점까지 4곳의 가게를 운영 중인데, 확장과 성장의 이유 중 하나는 타지에서 찾아온 관광객 입맛에 맞췄다는 점이다. 통영 특유의 강한 젓갈 양념 맛을 부드러운 맛으로 변화시킨 것이 주효했다. 가게 실내도 정갈하고 차분한 느낌에 김밥을 담아내는 식기까지 고급화했다.

통영 충무김밥의 또 다른 시도도 눈에 띈다. 통영 강구안 문화마당에 자리 잡은 '엄마손충무김밥'은 오징어무침과 섞박지로 구성된 기존 충무김밥 반찬에 홍합과 호래기를 곁들여 메뉴를 다변화했으며(2022년 기준 반찬에서 홍합은 빠졌다), 기존 반찬도 평이 좋다. 호래기는 생호래기가 아니라 말린 호래기를 조리해 오징어무침과 별도로 내놓기 때문에 과거 수십 년 전 충무김밥의 호래기와는 다르다.

서울 충무김밥과 통영 충무김밥의 차이도 소비자 수요에 따른 변화와 적응의 결과라고 이해할 수 있다. 통영 충무김밥보다 조금 더 작은 김밥, 젓갈로 숙성한 시원한 섞박지가 아니라 쫀득한 식감의 깍두기, 시락국이 아닌 멸치 국물까지.

통영항 노점 뱃머리김밥 시절부터 스마트폰 배달 앱의 시대까지, 세태가 변하고 수요가 급증함에 따라 충무김밥도 자동화와 기계화의 물결을 맞이했다. 현장에서 즉석으로 김밥을 말아 주는 곳보다 미리 만들어 둔 김밥을 꺼내 포장만 해주는 곳도 많다.

창원 시민 이민주 씨는 "충무김밥이 예전에 비해 양이 적어진 감이 있어서 아쉬워요. 게다가 김밥을 기계로 말아 내는 곳이 많던데, 그걸 알고 나니 좀 실망이었어요"라고 전했다.

통영 시민 한점순 씨는 "충무김밥에 얽힌 추억은 많죠. 그런데 현재형으로 즐겨 먹는 음식은 아니고 글자 그대로 추억의 음식이 된 느낌이죠. 통영 토박이들도 최근에는 일부러 직접 사 먹는 일은 적다고 하지 않나요. 맛이 추억의 그 맛이 아니라는 이야기죠. 좋은 재료를 쓰고 정성 들여 만들어서 내놓았으면 좋겠네요"라고 한다.

체인점을 내는 대형화와 김밥을 기계로 말아 내는 자동화, 대도시 소비자 입맛에 따라가는 반찬 양념 등등 변화의 물결 속에서 오래된 향수를 느끼게 하는 곳들도 여전히 건재하다. 이번 취재와 조사 과정에서 새로이 입맛을 들인 충무김밥 가게들도 있다.

통영 서호시장 인근의 작은 충무김밥집은 충무김밥의 옛맛을 찾는 이들이 알음알음 찾는 곳이다. 종업원도 없이 할머니가 김밥과 오징어무침, 김치까지 혼자서 다 해낸다. 걱정하는 말에도 할머니는 "큰 욕심 안 부리고 내 혼자 하는 데까지 하는 거지"가 입에 붙었다.

전혁림미술관으로 올라가는 봉수골 길가의 충무김밥집은 충무김밥의 변방이라고도 할 수 있지만, 조용하고 아늑한 봉수골 거리의 분위기와 함께 향수를 자아내며 넉넉한 인심과 손맛으로 입소문을 타고 있다.

충무김밥은 대도시에 사는 통영 출신 향인들에게 고향의 정취를 느끼게 하는 메뉴이기도 하다. 코로나 시국인 최근에는 보기 드문 풍경이지만, 몇 년 전까지만 해도 서울에서 통영 향인회 행사가 열리면 통영 강구안 문화마당 일대의 충무김밥집에서 함께 수백 인분의 충무김밥을 준비해서 올려 보냈다. 통영 시청이 김밥집들의 협조를 이끌어 내고 물량을 조율해서 모아 보낸 충무김밥 박스가 재경향인회 행사장인 여의도 국회의원회관 운동장에서 열리면, 그 포근한 김밥 냄새가 서울 사는 통영 사람들의 후각과 마음을 적시고는 했다.

충무김밥집 사장님들은 "빨리 코로나 시국에서 회복되어 통영에 관광객이 더 많이 오고, 대도시에서 행사가 열려 충무김밥을 많이 싸서 보내던 시절로 돌아갔으면 좋겠다"고 희망을 전한다.

통영과 이웃한 고성이 고향인 20대 황인준(가명) 씨는 충무김밥이 자신의 소울푸드라고 말하며 그 애정을 전했다.

"대학에 진학하며 서울에서 4년간 지냈는데 단 한 번도 서울에서 충무김밥을 찾아 먹은 기억이 없어요. 여기서 먹던 맛은 안 날 거라는 선입견이 강했어요. 하지만 종종 고성으로 내려와 머무는 동안 한 끼는 무조건 충무김밥을 포장해 와서 먹었어요. 대학을 졸업하고 고성으로 완전히 내려온 뒤에는 더 자주 충무김밥을 먹고 있는데 솔직히 빈도만 따지면 한 달에 한 번 먹을까 말까이기는 해요. 하지만 소울푸드라고 자주 먹어야 할 이유는 없잖아요. 충무김밥은 나의 뿌리 같은 느낌이랄까요. 집에 오면 꼭 찾아 먹어야 하고, 반드시 먹고 떠나야 하는, 그게 바로 소울푸드죠."

우리는 왜 충무김밥을 먹을까

◎

통영을 사랑한다는 창원 시민 황은영 씨는 자타 공인 충무김밥 마니아다. 한 달에도 몇 번씩 배달을 받는 것도 아니고 직접 통영을 찾아 중앙시장 인근 단골집에서 충무김밥을 잔뜩 사 간다. 그는 어떻게, 또 왜 충무김밥 팬이 되었을까.

정용재 안녕하세요 소개 부탁드립니다.
황은영 저는 올해 53세예요. 부산에서 태어나서 30년
        동안 부산에서 살다가 통영 옆 경남 고성에서 3년
        살았고, 지금 사는 창원시 진해구 용원동으로
        이사 간 지 17년째입니다. 약 20여 년 전부터
        마을 공동체 활동을 하고 있습니다.
정   자타 공인 통영 충무김밥 '찐팬'이라고
        들었습니다. 언제부터 어떻게 충무김밥 팬이
        되셨을까요.

황 고등학생 때 부산에 살았는데, 남포동 번화가에
가면 할매충무김밥이라고 있었고 먹자골목에는
난전에서 충무김밥, 순대, 비빔당면을 팔았어요.
보통 김밥이라고 하면 전형적으로 재료가
이것저것 들어 있는 동그란 김밥만 알고
있었는데, 충무김밥은 매콤한 반찬이 따로따로
나오는 거라서 처음에는 굉장히 특이하다고
생각했어요. 그래서 고등학생 때 처음 충무김밥을
먹어 봤는데, 엄마가 충무김밥을 좋아해서 자주
사 오셨어요. 그렇게 자연스레 충무김밥을
좋아하게 됐죠. 그런데 최근에는 통영에 갔을
때만 충무김밥을 먹지, 다른 지역에서 파는
충무김밥은 안 사 먹고 있어요.

정 통영이 충무김밥의 본고장이지만 서울이나 창원,
마산, 부산에도 충무김밥 하는 데가 꽤 있죠. 나름
유명하다는 곳들도 있고요. 그런데 꼭 통영 것만
드시는 이유가 있을까요?

황 왠지 향토 음식이라는 느낌이 강하고, 특히
통영에 가면 제 입에 딱 맞는 충무김밥집이
있어요. 통영 말고 다른 데 유명하다는 집도 몇
군데 가 보긴 했는데, 그래도 그 집이 제 입에 제일

잘 맞더라고요.

정   내 마음속의 베스트 충무김밥집을 찾았다는
거죠?

황   네, 그래서 제가 통영에 가는 날이면 저희 동네
이웃들에게 충무김밥 주문을 받습니다. 제가
통영에 갔다 오면 우리 동네에 사는 분들은
저녁에 충무김밥을 드시는 거죠.

정   충무김밥을 한 번에 얼마나 사 가시길래요?

황   그때그때 세어 보진 않았지만 대여섯 집에서 한
집당 3~4인분 주문하니까, 15인분에서 20인분
정도 되겠네요.

정   그렇게 많은 양을 얼마나 자주 사 가시는 거예요?

황   작년 같은 경우 일 때문에 일주일에 한 번씩
통영에 갔는데, 매주 사 갔지요. 우리 아이가
"엄마, 이제 제발 충무김밥 좀 그만 사 오면
안 돼?"라고 할 정도로요. 그런데 통영에서
충무김밥 맛있다, 너무 좋다 했더니 통영 분들은
시큰둥하시더라고요. 그래 뭐, 그렇지 이런
톤이고, "그래, 우리 충무김밥 맛있지" 이런
말씀은 안 하시더라고요. 통영 분들에게는
충무김밥이 너무 일상적인 부분인가 싶기도

하고요.

정 충무김밥이 생각나는 순간이 있다면 어떨
때일까요? 어떤 장면이라든지 시간이라든지요.

황 저는 통영 하면 충무김밥이 제일 먼저
생각납니다. 그런데 거기서 먹지는 않고 사 갖고
옵니다. 통영에 맛있는 게 많으니까 거기서
먹고, 충무김밥은 집에 와서 먹어도 맛이 변하지
않으니까 포장해 오고요.

정 어쩌다가 충무김밥에 이렇게 빠지셨나요?

황 일단 맛이 있어서죠. 사실 특별한 스토리가 있는
건 아니고, 제가 맛있는 걸 좋아하기도 하고,
어떤 지역에 가면 그곳 음식을 먹는 게 예의라고
생각해요. 그러니까 통영 하면 충무김밥이죠.
사실 회나 해산물보다 충무김밥이 먼저
생각나더라고요.
내가 왜 충무김밥을 좋아하지? 충무김밥의
매력은 뭘까 생각해 봤는데, 우리가 먹는 김밥은
굉장히 좋은 음식이라고 생각해요. 다양한 재료를
한꺼번에 먹을 수 있잖아요.

정 건강식이죠, 어쩌면.

황 간편하기도 하고요. 그런데 이런 김밥이 어떻게

보면 그 자체로 김밥인 거 같기는 한데 '자기'가
없어요.

정   네? 김밥의 자기요?

황   김밥이라는 음식의 자기 자신이 없다고요.
김밥에서 이 맛도 나고 저 맛도 나고 먹기도
간편한데 뭐랄까, 헷갈린달까. 그런데 충무김밥은
딱 정체성이 느껴지는 맛인 거죠.

정   그러니까 정체성이 확실한 맛이고 묵직한 한 방이
있다?

황   보통 김밥은 재료를 뭉쳐 놓으니까, 김 맛도 조금
단무지 맛도 조금 햄 맛도 조금 섞인 맛이죠.
그런데 충무김밥은 밥하고 김의 담백함만
느껴져요. 그리고 섞박지나 오징어무침이 강한
맛을 내잖아요. 아주 순한 밥과 김의 맛을 반찬이
확 끌어올려 주는 거죠.

정   그래서 충무김밥을 같이 꼬치에 꽂아서 먹으면 더
맛있다는 말이 있는 거 같네요.

황   네, 그래서 충무김밥이 '이게 바로 나야' 하고
자기주장을 하는 김밥이라는 거죠.

정   그리고 김치나 오징어 반찬을 먹기 전에 김밥만
먹어도 김과 밥이 어우러지는 듯한 특유의 느낌과

조화가 일반 김밥에서 느끼지 못했던 부분이라 더 강하게 다가온달까요.

황 특히 제가 좋아하는 단골집에서 참기름장을 주거든요. 살짝 찍어 먹으면 밥에 돌돌 만 맨김의 맛이 더 살아나요. 그래서 제가 그 집을 더 좋아해요.

정 그러면 충무김밥이 이랬으면 좋겠다 하는 부분, 아쉬운 부분 같은 게 있을까요?

황 아쉬운 부분은 별로 없어요. 아, 하나 있다. 양이 적다는 거죠. 김밥이 여덟 개인데 두 개 더 얹어 주면 좋겠어요. 그게 좀 아쉽고 그 외에는 없어요. 포장도 좋고 꼬치 이쑤시개도 좋아요.

정 어찌 보면 다른 메뉴들보다 음식물 쓰레기도 덜 나오고, 어쨌든 포장 때문에 쓰레기가 나올 수밖에 없지만, 그래도 분리배출이 편한 형태가 아닌가 하는 생각도 들거든요. 요즘 같은 코로나 시국에 야외 활동에 적당한 음식이기도 하고.

황 그러고 보니 포장해 올 때 시래깃국 안 주는 것도 좀 아쉽네요. 대개는 시래깃국을 달라고 해야 주고 안 그러면 안 주는 거 같아요.

정 최근 몇 년 들어서 조금 야박해진 것 같다, 딱 그 정도려나요.

황   그렇죠. 어쨌건 저는 충무김밥이 제 입맛에
맞으니까 만족해요. 집에서 아무리 어묵이나
오징어무침을 해 보려고 해도 그 맛은 안
나더라고요. 그래서 지금은 그저 좋아요. 질리지
않는 맛이에요.

정   충무김밥 팬으로서 올해도 많이 사 드실 거고
말이죠?

황   물론이죠. 통영에 가면 충무김밥을 먹어야죠.
동네 이웃들에게도 이 맛을 전했으니 이 정도면
확실히 충무김밥 마니아 아닙니까.

정   제가 아는 분들 중에서는 최고의 충무김밥
팬이십니다.

그래서 충무김밥의 원조는?

⊙

"자, 그래서 통영 충무김밥 원조집이 어딘데?"

"앞에서 다 이야기해 놓고 뭔 소리고."

"그래, 통영 사람 열에 아홉은 '뚱보할매김밥'이라고 말하겠지."

"충무김밥 원조가 어두이 할매 손맛이라는 이야기하고 '뚱보할매김밥'이 원조집이라는 이야기하고 미묘하게 비슷한 듯하면서도 완전히 다른 이야기일지도 모른다."

"원조가 원조지, 원조랑 원조집이 뭐가 어떻게 다르단 말인데."

이제는 '니도 알고 내도 아는' 충무김밥의 원조는 뚱보할매김밥 창업자 어두이 옹이 맞다. 그런데 그게 '충무김밥의 단독 개발자'라는 의미보다는, 충무김밥을 세상에 널리 알린 주역이자 충무김밥 역사의 공헌자로 기억하는 게 더 적절하다고 생각한다. 게다가 이제는 충무김밥 역사의 주역인 어두이 옹을 실제로 인터뷰할 수 있는 것도 아니니, 모르는 것은 모르는 채로, 애매한 것은 애매한 채로 남겨 두기로 하자.

앞서 어두이 옹이 충무김밥의 주역이 될 수 있던 까닭으로 자신의 김밥을 다 팔고도 다른 이들의 김밥을 같이 팔아 주었다는 미담을 언급한 바 있다. 원조를 찾아 둘러 온 풍경 속에서 먹고살기 힘든 옛 시절, 밤낮 가리지 않고 김밥을 만들고, 다라이에 이고 지고 팔아 생계를 꾸려 간 생활력 강한 어촌의 어머니, 할머니들을 볼 수 있었다.

충무김밥이 사랑받고 오늘날 통영 하면 떠오르는 대표 음식이 된 데에는 이 어머니들의 땀과 정성이 근원을 이루었다는 사실만큼은 누구도 부정할 수 없을 것이다. 그러니, 그 어머니들 모두가 원조가 아니면 무엇일까.

애초에 원조를 한 명으로 특정하기란 어려운 여정이었다. 이해 당사자인 충무김밥 점주의 발언은 주관적일뿐더러 종종 엇갈리기도 하니, 충무김밥 역사에 관련된 객관적 자료를 찾기가 매우 어려웠다.

실제로는 통영 지역 문화사의 한 부분을 차지하고 있음에도 충무김밥은 통영 향토사 관점에서 진지하게 다룬 적이 없다. 그나마 이 여정을 통해 충무김밥 역사의 흐름을 대략이나마 살펴볼 수 있었다.

그러한 충무김밥의 역사 속에서 변한 것도 있고 변하지 않은 것도 있다. 이곳 통영 특유의 바다 환경에서 유래해 길거리 음식으로 시작한 충무 뱃머리김밥이 통영 하면 가장 먼저 떠오르는 음식이 되었다. 소박한 음식인데도 너무나 유명해진 탓에 기대치가 높아져 "뭐야 이게 다야"라는 볼멘소리도 종종 들리지만, 어쩌겠는가. 원래 그렇게 생겨난 음식인 것을. 당신의 감탄은 충무김밥 덕분일 수도 있지만, 당신이 실망한 것이 충무김밥 탓은 아니다.

한때 충무김밥에 사용하는 거의 모든 재료를 통영 인근 바다와 땅에서 구할 수 있었다. 그렇지만 해양 환경과 수산업 여건 변화로 이제 충무김밥은 더 이상 통영 로컬 푸드가 아니다. 반찬의 주재료도 꼴뚜기에서 오징어와 어묵으로 바뀌었다.

사람도 달라졌다. 오늘날 충무김밥을 만들어 파는 이들 중에는 충무항 뱃머리김밥은커녕 국풍81도 기억에 없는 이들도 있고, 꼴뚜기를 꼬치에 꽂아 주던 시절을 모르는 이들도 있다. 충무김밥을 사 먹는 사람들은 통영 사람들보다는 외지인 관광객 여행자들이 절대다수다.

하지만 예나 지금이나 다름없는 것 중 하나는, 그 단순한 구성으로 인한 맛의 명쾌함과 정직함이다. 단순한 탓에 오히려 잔재주가 통하지 않는 음식이 충무김밥이다. 좋은 김과 제대로 지은 밥, 싱싱한 수산물, 잘 숙성한 섞박지, 그리고 통영 아지매들과 할매들의 정성 어린 손맛이 담겨 있다. 자칫 잔 재주를 부리거나 대충 만들었다가는 결국 들통나고 "맛이 없 다"는 소리를 듣기 십상이다.

그리고 무엇보다 '충무김밥은 여행자의 음식, 길을 가는 사람의 음식'이라는 정체성은 여전하다. 1960년대 충무항에 기항한 여객선 승객을 가장 먼저 반기는 음식이 충무 뱃머리 김밥이었고, 지금도 통영종합버스터미널에 내린 여행자는 터미널 안에서 '충무김밥'이라는 네 글자를 제일 먼저 볼 수 있다. 마치 1960~1970년대 통영항 여객선 터미널 안에서 뱃머리김밥을 팔던 풍경처럼 말이다.

수십 년 전 충무항 부둣가에 즐비하던 뱃머리김밥 아지매 들의 좌판처럼, 지금도 통영 서호동 여객선 터미널 일대에 충 무김밥 가게가 여럿이다. 도남동 유람선 터미널 안팎에서도 충무김밥 가게들이 통영 바닷길 여행자들을 반긴다.

그렇게 예나 지금이나 충무김밥은 통영 풍경 속에서 완성 된다. 내 옅은 추억에서조차 '뚱보할매김밥'에서 충무김밥을 사서 집에 돌아와 먹었던 경험보다는, 소풍이라든지 야외 활 동에서, 또는 여객선이나 낚싯배에서 먹은 충무김밥의 이미 지가 더욱 강렬하게 남아 있다.

1960년대 여수-부산 항로를 오가던 연안 여객선에서 승객들이 먹던 김밥, 그리고 2000년대 들어 통영항과 한산도 제승당 이순신 장군 유적지를 오가는 유람선 또는 카페리 선실 바깥에서 충무김밥 포장을 풀 때의 설렘.

통영 바다 품에 안겨 배 위에서 충무김밥 포장을 벗겨 낼 때 확 퍼져 나가는 날것의 냄새, 묘하게 고소한 김과 밥의 향과 알싸한 섞박지의 냄새라고 적는 이 순간에 바로 입에 침이 가득 고인다.

충무김밥을 둘러싼 통영 풍경 속 여행자의 정서와 감각은 수십 년 세월과 시간을 건너서 겹치고 이어진다. 그렇게 통영 충무김밥은 통영 풍경에서 '오리지널리티'를 획득하면서 완성된다. 특히 바다 풍경이라면 더할 나위 없다. 충무김밥은 애초에 통영의 바다 환경 때문에 태어난 음식이며, 통영 바닷길에서 그 맛과 멋이 더욱 강렬하게 살아난다.

원조를 내세운 간판이 마케팅의 의미로만 남은 시절, 진짜 '원조'는 풍경 속 사람과 음식, 그 음식과 함께하는 감정과 정서, 사진 예술가 앙리 카르티에 브레송식으로 말하자면 충무김밥과 함께한 '결정적 순간'을 이루는 시간과 공간의 단면 속에서 완성되는 게 아닐까. ●

저자는 이 책을 쓰며 수십 곳의 충무김밥집을 방문하고 수십 인분의 충무김밥을 먹었다고 합니다. 좋아하는 음식도 자주 먹으면 질리기 마련인데, 그는 오히려 "이전보다 충무김밥을 더 좋아하게 되었다"고 말합니다. 통영 토박이 편집자인 저도 충무김밥을 꽤 좋아하고 잘 안다 자부했습니다만 책을 편집하며 충무김밥에 얽힌 이야기가 더 궁금해졌고, 이런 재미있는 이야기를 품은 통영이 더욱 사랑스러워졌습니다. 그리고 제 입맛에 딱 맞는 충무김밥집도 발견했습니다. 내가 좋아하며 즐겨 찾는 가게야말로 바로 내 행복의 원조, 나만의 원조 충무김밥집이 아닐까요?

이 책을 읽는 독자 분들도 '어딘가'에서 나만의 원조 충무김밥집을 찾으시길, 그리고 충무김밥 포장할 때는 따끈한 시락국 챙기는 것도 잊지 않으시면 좋겠습니다. 덧붙여, 충무김밥 포장해서 가시는 모든 분들이 이 책을 읽으신다면 더 바랄 것이 없겠습니다.

조금 다른 이야기를 해 보려고 합니다. 처음 듣는 지명, 낯선 사람, 생소한 사물 들이 등장해도 놀라지 마세요. 몰랐던 사실을 알게 되고, 이미 알던 것도 새롭게 보일 테니까요. 어쩌면 평소 접하지 못하고 또 그냥 지나치기 쉬운 사연들 속에 지금 내가 살아가는 생생한 모습이 담겨 있을지도 모릅니다.

찬찬히 보면 우리 둘레에는 함께 나눌 만한 매력적인 것들이 참 많습니다. 서울이나 수도권, 대도시가 아닌 곳에도 자신의 생활과 일을 아름답게 가꾸는 사람들이 있습니다. 세상에 많이 알려지지 않았지만 시간의 풍화를 견디고 새로운 파도를 타고 온 지역의 삶을 여행처럼 만나 보시길 바랍니다.

강원도 고성의 온다프레스, 충북 옥천의 포도밭출판사, 대전의 이유출판, 전남 순천의 열매하나, 경남 통영의 남해의봄날. 다섯 출판사에서 모은 반짝이는 기록들을 소개합니다. 각 지역의 다채로운 이야기가 진솔하고 한결같은 형태로 모인 것은 안삼열 디자이너의 손길 덕분입니다. 앞으로 이어질 '어딘가에는' 책들도 많이 기대해 주세요.

어딘가에는 원조 충무김밥이 있다

초판 1쇄 펴낸날 2022년 7월 7일

지은이   정용재
고마운 분   류태수 사진작가, 전영근 화가, 통영시티투어 박정욱 대표,
               통영문화원 김일룡 원장, 충무김밥집 사장님들,
               인터뷰에 응해 주신 모든 분들
편집인   천혜란^{책임편집}, 박소희
교정   이정현
마케팅   황지영, 이다석
인쇄   미래상상
펴낸이   정은영^{편집인}
펴낸곳   남해의봄날
주소   경상남도 통영시 봉수1길 12, 1층
전화   055-646-0512
인스타그램   @namhaebomnal
ISBN   979-11-85823-85-0 03380